Profissões para mulheres e outros artigos feministas

Livros da autora publicados pela **L&PM** EDITORES:

Ao farol
A arte do romance
Flush
Mrs. Dalloway
Profissões para mulheres e outros artigos feministas
Um quarto só seu

Leia também na Coleção **L&PM** POCKET:

Virginia Woolf – Alexandra Lemasson (Série Biografias)

Virginia Woolf

Profissões para mulheres e outros artigos feministas

Tradução de Denise Bottmann

www.lpm.com.br

Coleção **L&PM** POCKET, vol. 1032

Texto de acordo com a nova ortografia.
Título original: "Professions for Women", "The Feminine Note in Fiction", "Women Novelists", "The Intellectual Status of Women", "Two Women", "Memories of a Working Women's Guild", "Ellen Terry"

Primeira edição na Coleção **L&PM** POCKET: junho de 2012
Esta reimpressão: novembro de 2024

Tradução: Denise Bottmann
Capa: Ivan Pinheiro Machado. *Foto da capa*: Virginia Woolf / Latinstock/© Hulton-Deutsch Collection/Corbis (DC)
Preparação: Viviane Borba Barbosa
Revisão: Caren Capaverde

CIP-Brasil. Catalogação na fonte
Sindicato Nacional dos Editores de Livros, RJ

W862p

Woolf, Virginia, 1882-1941
    Profissões para mulheres e outros artigos feministas / Virginia Woolf; tradução de Denise Bottmann. – Porto Alegre, RS: L&PM, 2024.
    112p.   (Coleção L&PM POCKET; v. 1032)

    ISBN 978-85-254-2621-5

    1. Feminismo. 2. Mulheres. 3. Prosa inglesa. I. Título. II. Série.

12-2302.   CDD: 823
                     CDU: 821.111-3

© da tradução, L&PM Editores, 2012

Todos os direitos desta edição reservados a L&PM Editores
Rua Comendador Coruja, 314, loja 9 – Floresta – 90.220-180
Porto Alegre – RS – Brasil / Fone: 51.3225.5777

Pedidos & Depto. comercial: vendas@lpm.com.br
Fale conosco: info@lpm.com.br
www.lpm.com.br

Impresso no Brasil
Primavera de 2024

Virginia Woolf
(1882-1941)

Adeline Virginia Stephen nasceu em 25 de janeiro de 1882, em Londres. Filha de Sir Leslie Stephen, historiador, crítico e editor, e de sua segunda esposa, Julia Prinsep Stephen, notável pela renomada beleza, teve contato com o mundo literário desde cedo. Aos vinte anos já era uma crítica literária experiente e em 1905 passou a escrever regularmente para o *The Times Literary Supplement*. Foi nas reuniões do célebre grupo de Bloomsbury – como veio a ser chamado o círculo de vanguarda intelectual que reunia escritores e artistas, desde 1904, em Londres –, que conheceu seu futuro marido, o crítico e escritor Leonard Woolf. Com ele fundou a Hogarth Press, em 1917, responsável pela publicação de autores como T. S. Eliot, Katherine Mansfield, Máximo Gorki, além da obra completa de Sigmund Freud.

Seus primeiros trabalhos incluem os romances *A viagem* (1915), *Noite e dia* (1919), *O quarto de Jacob* (1922), *Mrs. Dalloway* (1925) – livro que inovou ao apresentar uma trama não linear que se desenvolve dentro e fora da mente das personagens –, *Passeio ao farol* (1927) e *Orlando* (1928). As duas primeiras obras de ficção prepararam o terreno para *O quarto de Jacob* e para os outros que vieram depois: nestes é que a escritora reinventou a narrativa ficcional moderna, obtendo sucesso de público e reconhecimento da crítica. No início da década de 30, publicou o romance *As ondas* (1931), sua experiência literária mais radical. Este experimentalismo extenuou a autora, que encontrou divertimento relaxante na escrita de *Flush* (1933; L&PM, 2003), livro contado a partir do ponto de vista de um cão. Neste período, Virginia já apresentava um histórico de saúde mental frágil, que culminaria no seu suicídio em 1941, que foi precedido por uma série de colapsos nervosos: primeiro, com a morte da mãe, em 1895; depois, com o falecimento do pai, em 1904; e novamente logo após o seu casamento com Leonard.

Sumário

Profissões para mulheres 9
A nota feminina na literatura 21
Mulheres romancistas 25
A posição intelectual das mulheres 33
Duas mulheres 53
Memórias de uma União das Trabalhadoras 65
Ellen Terry 95

Profissões para mulheres

> Virginia Woolf leu esse texto para a Sociedade Nacional de Auxílio às Mulheres em 21 de janeiro de 1931. Foi publicado postumamente em *A morte da mariposa*, 1942.

Quando a secretária de vocês me convidou para vir aqui, ela me disse que esta Sociedade atende à colocação profissional das mulheres e sugeriu que eu falasse um pouco sobre minhas experiências profissionais. Sou mulher, é verdade; tenho emprego, é verdade; mas que experiências profissionais tive eu? Difícil dizer. Minha profissão é a literatura; e é a profissão que, tirando o palco, menos experiência oferece às mulheres – menos, quero dizer, que sejam específicas das mulheres. Pois o caminho foi aberto muitos anos atrás – por Fanny Burney, Aphra Behn, Harriet Martineau, Jane Austen, George Eliot[1] –; muitas mulheres famosas e muitas outras desconhecidas e esquecidas vieram antes, aplainando o terreno

---

1. Fanny Burney (1752-1840) escreveu romances e diários; Aphra Behn (1640-89) foi poeta, romancista e dramaturga; e Harriet Martineau (1802-76) escreveu sobre um amplo leque de assuntos. Ver também as notas 9 (p. 41) e 14 (p. 44). (N.E.)

e orientando meus passos. Então, quando começei a escrever, eram pouquíssimos os obstáculos concretos em meu caminho. Escrever era uma atividade respeitável e inofensiva. O riscar da caneta não perturbava a paz do lar. Não se retirava nada do orçamento familiar. Dezesseis pences bastam para comprar papel para todas as peças de Shakespeare – se a gente for pensar assim. Um escritor não precisa de pianos nem de modelos, nem de Paris, Viena ou Berlim, nem de mestres e amantes. Claro que foi por causa do preço baixo do papel que as mulheres deram certo como escritoras, antes de dar certo nas outras profissões.

Mas vamos à minha história – ela é simples. Basta que vocês imaginem uma moça num quarto, com uma caneta na mão. Só precisava mover aquela caneta da esquerda para a direita – das dez à uma. Então ela teve uma ideia que no fundo é bem simples e barata – enfiar algumas daquelas páginas dentro de um envelope, colar um selo no canto de cima e pôr o envelope na caixa vermelha da esquina. Foi assim que virei jornalista; e meu trabalho foi recompensado no primeiro dia do mês seguinte – um dia gloriosíssimo para mim – com uma carta de um editor e um cheque de uma libra, dez xelins e seis pences. Mas, para lhes mostrar que não mereço muito ser chamada de profissional, que não conheço muito as lutas e as dificuldades da vida de uma mulher profissional, devo admitir que, em vez de gastar aquele dinheiro com pão e manteiga, aluguel, meias e sapatos ou com a conta do açougueiro, saí e comprei um gato – um gato lindo, um gato persa, que logo me criou sérias brigas com os vizinhos.

Existe coisa mais fácil do que escrever artigos e comprar gatos persas com o pagamento? Mas esperem aí. Os artigos têm de ser sobre alguma coisa. O meu, se bem me lembro, era sobre um romance de um homem famoso. E, quando eu estava escrevendo aquela resenha, descobri que, se fosse resenhar livros, ia ter de combater um certo fantasma. E o fantasma era uma mulher, e quando a conheci melhor, dei a ela o nome da heroína de um famoso poema, "O Anjo do Lar".[2] Era ela que costumava aparecer entre mim e o papel enquanto eu fazia as resenhas. Era ela que me incomodava, tomava meu tempo e me atormentava tanto que no fim matei essa mulher. Vocês, que são de uma geração mais jovem e mais feliz, talvez não tenham ouvido falar dela – talvez não saibam o que quero dizer com o Anjo do Lar. Vou tentar resumir. Ela era extremamente sim-

---

2. Poema de Coventry Patmore (1823-1896) que celebrava o amor conjugal e idealizava o papel doméstico das mulheres. (N.E.)

pática. Imensamente encantadora. Totalmente altruísta. Excelente nas difíceis artes do convívio familiar. Sacrificava-se todos os dias. Se o almoço era frango, ela ficava com o pé; se havia ar encanado, era ali que ia se sentar – em suma, seu feitio era nunca ter opinião ou vontade própria, e preferia sempre concordar com as opiniões e vontades dos outros. E acima de tudo – nem preciso dizer – ela era pura. Sua pureza era tida como sua maior beleza – enrubescer era seu grande encanto. Naqueles dias – os últimos da rainha Vitória – toda casa tinha seu Anjo. E, quando fui escrever, topei com ela já nas primeiras palavras. Suas asas fizeram sombra na página; ouvi o farfalhar de suas saias no quarto. Quer dizer, na hora em que peguei a caneta para resenhar aquele romance de um homem famoso, ela logo apareceu atrás de mim e sussurrou: "Querida, você é uma moça. Está escrevendo sobre um livro que foi escrito por um homem. Seja afável; seja meiga; lisonjeie; engane; use todas as artes e manhas de nosso sexo. Nunca deixe ninguém perceber que você tem opinião própria. E principalmente seja pura". E ela fez que ia guiar minha caneta. E agora eu conto a única ação minha em que vejo algum mérito próprio, embora na verdade o mérito seja de alguns excelentes antepassados que me deixaram um bom dinheiro – digamos, umas quinhentas libras anuais? –, e assim eu não precisava só do charme para viver. Fui para cima dela e agarrei-a pela garganta. Fiz de tudo para esganá-la. Minha desculpa, se tivesse de comparecer a um tribunal, seria legítima defesa. Se eu não a matasse, ela é que me mataria. Arrancaria o coração de minha escrita. Pois, na hora em que pus a caneta no papel, percebi que não dá para fazer nem mesmo uma resenha sem ter opinião própria, sem dizer o que a gente pensa ser verdade nas relações humanas, na moral, no sexo. E, segundo o Anjo do Lar, as mulheres não podem tratar de nenhuma dessas questões com liberdade e franqueza; se querem se dar bem, elas precisam agradar, precisam conciliar, precisam – falando sem rodeios – mentir. Assim, toda vez que eu percebia a sombra de sua asa ou o brilho de sua auréola em cima da página, eu pegava o tinteiro e atirava nela. Demorou para morrer. Sua natureza fictícia lhe foi de grande ajuda. É muito mais difícil matar um fantasma do que uma realidade. Quando eu achava que já tinha acabado com ela, sempre reaparecia sorrateira. No fim consegui, e me orgulho, mas a luta foi dura; levou muito tempo, que mais valia ter usado para aprender grego ou sair pelo mundo em busca de aventuras. Mas foi uma experiência real; foi uma experiência inevitável para todas as escritoras daquela época. Matar o Anjo do Lar fazia parte da atividade de uma escritora.

Mas continuando minha história: o Anjo morreu, e o que ficou? Vocês podem dizer que o que ficou foi algo simples e comum – uma jovem num quarto com um tinteiro. Em outras palavras, agora que tinha se livrado da falsidade, a moça só tinha de ser ela mesma. Ah, mas o que é "ela mesma"? Quer dizer, o que é uma mulher? Juro que não sei. E duvido que vocês saibam. Duvido que alguém possa saber, enquanto ela não se expressar em todas as artes e profissões abertas às capacidades humanas. E de fato esta é uma das razões pelas quais estou aqui, em respeito a vocês, que estão nos mostrando com suas experiências o que é uma mulher, que estão nos dando, com seus fracassos e sucessos, essa informação da maior importância.

Mas retomando a história de minhas experiências profissionais. Recebi uma libra, dez xelins e seis pences por minha primeira resenha, e comprei um gato persa com esse dinheiro. E aí fiquei ambiciosa. Um gato persa é uma coisa ótima, disse eu; mas um gato persa não chega. Preciso de um carro. E foi assim que virei romancista – pois é muito estranho que as pessoas nos deem um carro se a gente contar uma história para elas. E é ainda mais estranho, pois a coisa mais gostosa do mundo é contar histórias. É muito mais agradável do que escrever resenhas de romances famosos. Mas, se é para atender à secretária de vocês e lhes contar minhas experiências profissionais como romancista, preciso falar de uma experiência muito esquisita que me aconteceu como romancista. E, para entender, primeiro vocês têm de tentar imaginar o estado de espírito de um romancista. Acho que não estou revelando nenhum segredo profissional ao dizer que o maior desejo de um romancista é ser o mais inconsciente possível. Ele precisa se induzir a um estado de letargia constante. Ele quer que a vida siga com toda a calma e regularidade. Enquanto escreve, ele quer ver os mesmos rostos, ler os mesmos livros, fazer as mesmas coisas um dia depois do outro, um mês depois do outro, para que nada venha a romper a ilusão em que vive – para que nada incomode ou perturbe os misteriosos movimentos de farejar e sentir ao redor, os saltos, as arremetidas e as súbitas descobertas daquele espírito tão tímido e esquivo, a imaginação. Desconfio que seja o mesmo estado de espírito para homens e mulheres. Seja como for, quero que vocês me imaginem escrevendo um romance em estado de transe. Quero que vocês imaginem uma moça sentada com uma caneta na mão, passando minutos, na verdade horas, sem molhar a pena no tinteiro. Quando penso nessa moça, a imagem que me ocorre é alguém pescando, em devaneios à beira de um lago fundo, com um caniço na mão. Ela deixava a imaginação vaguear livre por todas as pedras e fendas do mundo submerso nas profundezas de nosso ser inconsciente. Então vem a experiência, a experiência que creio ser muito mais comum com as mulheres do que com os homens que escrevem. A linha correu pelos dedos da moça. Um tranco puxou a imaginação. Ela tinha sondado as poças, as funduras, as sombras onde ficam os peixes maiores. E então bateu em alguma coisa. Foi uma pancada forte. Espumarada, tumulto. A imaginação tinha colidido numa coisa dura. A moça foi despertada do sonho. E de fato ficou na mais viva angústia e aflição. Falando sem metáforas, ela pensou numa coisa, uma coisa sobre o corpo, sobre as paixões, que para ela, como mulher, era impróprio dizer. E a razão lhe dizia que os homens ficariam chocados. Foi a consciência do que diriam os homens sobre uma mulher que fala de suas paixões que a despertou do estado de inconsciência como artista. Não podia mais escrever. O transe tinha acabado. A imaginação não conseguia mais trabalhar. Isso creio que é uma experiência muito comum entre as mulheres que escrevem – ficam bloqueadas pelo extremo convencionalismo do outro sexo. Pois, embora sensatamente os homens se permitam grande liberdade em tais assuntos, duvido que percebam ou consigam controlar o extremo rigor com que condenam a mesma liberdade nas mulheres.

Então, essas foram duas experiências muito genuínas que tive. Foram duas das aventuras de minha vida profissional. A primeira – matar o Anjo do Lar – creio que resolvi. Ele morreu. Mas a segunda, falar a verdade sobre minhas experiências do corpo, creio que não resolvi. Duvido que alguma mulher já tenha resolvido. Os obstáculos ainda são imensamente grandes – e muito difíceis de definir. De fora, existe coisa mais simples do que escrever livros? De fora, quais os obstáculos para uma mulher, e não para um homem? Por dentro, penso eu, a questão é muito diferente; ela ainda tem muitos fantasmas a combater, muitos preconceitos a vencer. Na verdade, penso eu, ainda vai levar muito tempo até que uma mulher possa se sentar e escrever um livro sem encontrar com um fantasma que precise matar, uma rocha que precise enfrentar. E se é assim na literatura, a profissão mais livre de todas para as mulheres, quem dirá nas novas profissões que agora vocês estão exercendo pela primeira vez?

São perguntas que gostaria de lhes fazer, se tivesse tempo. Na verdade, se insisti nessas minhas experiências profissionais, foi porque creio que também sejam as de vocês, embora de outras maneiras. Mesmo quando o caminho está nominalmente aberto – quando nada impede que uma mulher seja médica, advogada, funcionária pública –, são muitos, imagino eu, os fantasmas e obstáculos pelo caminho. Penso que é muito bom e importante discuti-los e defini-los, pois só assim é possível dividir o trabalho, resolver as dificuldades. Mas, além disso, também é necessário discutir as metas e os fins pelos quais lutamos, pelos quais combatemos esses obstáculos tremendos. Não podemos achar que essas metas estão dadas; precisam ser questionadas e examinadas constantemente. Toda a questão, como eu vejo – aqui neste salão, cercada de mulheres que praticam pela primeira vez na história não sei quantas profissões diferentes –, é de importância e interesse extraordinário. Vocês ganharam quartos próprios na casa que até agora era só dos homens. Podem, embora com muito trabalho e esforço, pagar o aluguel. Estão ganhando suas quinhentas libras por ano. Mas essa liberdade é só o começo; o quarto é de vocês, mas ainda está vazio. Precisa ser mobiliado, precisa ser decorado, precisa ser dividido. Como vocês vão mobiliar, como vocês vão decorar? Com quem vão dividi-lo, e em que termos? São perguntas, penso eu, da maior importância e interesse. Pela primeira vez na história, vocês podem fazer essas perguntas; pela primeira vez, podem decidir quais serão as respostas. Bem que eu gostaria de ficar e discutir essas perguntas e respostas – mas não hoje. Meu tempo acabou, e paro por aqui.

A nota feminina na literatura

> Resenha de *A nota feminina na literatura*, de W. L. Courtney (Chapman and Hall, 1904), publicada inicialmente em *The Guardian*, 25 de janeiro de 1905.

Mr. Courtney acredita que existe uma tal de nota feminina na literatura; além disso, pretende definir sua natureza no livro que temos diante de nós, embora no início reconheça que há uma diferença tão grande entre o ponto de vista feminino e o masculino que ambos têm dificuldade em se entender. Em todo o caso, Mr. Courtney se dedicou com afinco; e talvez seja em parte pela razão acima dada que ele termina no mesmo lugar por onde começou. Apresenta-nos oito estudos muito pacientes e cuidadosos sobre as obras de oito escritoras vivas, onde expõe detalhadamente os enredos dos livros mais famosos dessas mulheres. Mas de bom grado lhe pouparíamos tal trabalho em troca de algum veredito claro; todos nós podemos ler Humphry Ward[3], por exemplo, e relembrar a história, mas queremos um crítico

---

3. Humphry Ward (1851-1920), romancista e filantropa vitoriana. (N.E.)

que separe as virtudes e os defeitos, indique seu devido lugar na literatura e decida quais são suas características essencialmente femininas, por que o são e qual a significação delas. Mr. Courtney dá a entender pelo título que irá expor pelo menos esta última, e é com decepção, mas não com surpresa, que descobrimos que não fez nada do gênero. Afinal, não será cedo demais para criticar a "nota feminina" em seja lá o que for? E não será uma mulher o crítico adequado das mulheres?

A nosso ver, Mr. Courtney sente um pouco esse problema; a introdução, onde esperávamos encontrar alguma espécie de síntese, traz apenas algumas críticas e conclusões em forma muito incipiente. E ali temos que as mulheres raramente são artistas devido à paixão que têm pelo detalhe, o que entra em conflito com a proporção artística correta da obra. Citemos Safo e Jane Austen como exemplos de duas grandes mulheres que combinam o detalhe primoroso e um soberbo senso de proporção artística. Diz ele: as mulheres se destacam por um "trabalho de cerrada análise em miniatura"; saem-se melhor quando reproduzem do que quando criam; têm um talento para a análise psicológica – tudo isso notamos com interesse, mas reservamos nosso juízo para daqui a cem anos ou transmitimos essa obrigação a nossos sucessores. Ainda assim vale notar, como prova da dificuldade da tarefa que Mr. Courtney tomou a si, que ele considera "artistas" pelo menos duas de suas escritoras – e outras duas possuem uma força que, nesta época, há de se considerar masculina, e que na verdade não há duas que recaiam sob a mesma classificação, embora, claro, tal como os homens, possam ser mais ou menos divididas em escolas. Em todo o caso, segundo Mr. Courtney, parece evidente que há uma quantidade cada vez maior de romances de mulheres escritos para mulheres, o que, diz ele, faz com que o romance como obra de arte esteja desaparecendo. A primeira parte da afirmativa pode ser verdade; significa que, tendo encontrado voz própria, as mulheres têm algo a dizer que, naturalmente, é do maior interesse e significado para as mulheres, mas cujo valor ainda não podemos determinar. A asserção de que a mulher romancista está acabando com o romance como obra de arte, porém, parece mais duvidosa. De qualquer maneira, é possível que a ampliação de sua inteligência graças à instrução e ao estudo dos clássicos gregos e latinos lhe dê aquela visão mais sólida da literatura que a converta em artista, e assim, tendo transmitido sua mensagem de maneira um tanto amorfa, com o tempo virá a moldá-la num feitio artístico duradouro. Mr. Courtney nos fornece material para muitas perguntas desse tipo, mas seu livro nada faz para protegê-las contra outras restantes.

Mulheres romancistas

Resenha de *The Women Novelists*, de R. Brimley Johnson (Collins, 1918), inicialmente publicada em *The Times Literary Supplement*, 17 de outubro de 1918.

De direito ou, mais modestamente, segundo uma teoria nossa, Mr. Brimley Johnson deveria escrever um livro calculado para despertar satisfação ou irritação, dependendo do sexo do leitor, mas sem qualquer valor de um ponto de vista crítico. A experiência parece demonstrar que a crítica da obra em função do sexo do autor apenas reitera com um azedume quase invariável preconceitos derivados do sexo, masculino ou feminino, de quem redige a crítica. Por um feliz equilíbrio de qualidades, Mr. Brimley Johnson apresenta sua opinião sobre as mulheres romancistas sem esse viés fatídico, e assim, além de dizer algumas coisas muito interessantes sobre a literatura, ele também diz muitas coisas ainda mais interessantes sobre as qualidades específicas da literatura escrita por mulheres.

Dada essa rara imparcialidade, nunca é demais ressaltar o interesse e também a complexidade do tema. Mr. Johnson, que leu uma quantidade de romances femininos de que muita gente nem ouviu falar, é muito cuidadoso – mais propenso a sugerir do que a definir, e muito disposto a fazer ressalvas em suas conclusões. Assim, mesmo que este livro não seja um mero estudo das mulheres romancistas, e sim uma tentativa de provar que elas têm seguido um determinado curso de desenvolvimento, é um pouco complicado dizer no que consiste sua teoria. A questão não é apenas de literatura, mas, em larga medida, de história social. Qual foi, por exemplo, a origem da extraordinária multiplicação de romances escritos por mulheres no século XVIII? Por que começou nessa data, e não na época do renascimento elisabetano? Teriam finalmente decidido escrever porque desejavam retificar a opinião corrente sobre o sexo feminino, expressa em tantos volumes e por tantos séculos por autores do sexo masculino? Se for isso, a arte dessas mulheres possui um elemento que deveria estar ausente da obra de todos os escritores anteriores. Mas é bastante claro que a obra de Miss Burney, a mãe da ficção inglesa, não se inspirava em nenhum desejo de reparar injustiças: a riqueza do cenário humano que a filha de dr. Burney teve a oportunidade de observar foi estímulo suficiente; mas, por forte que tenha se tornado o impulso de escrever, de início foi grande a oposição não só das circunstâncias, mas também da opinião pública. Seus primeiros manuscritos foram queimados por ordens da madrasta, e como castigo ela teve de ficar bordando, mais ou menos como Jane Austen, poucos anos depois, teria de esconder seus escritos embaixo de um livro quando alguém entrava na sala, e Charlotte Brontë teria de interromper o trabalho para ir descascar batatas. Mas, resolvido ou encaminhado o problema doméstico, restava o problema moral. Miss Burney havia mostrado que era "possível para uma mulher escrever romances e ser respeitável", mas o ônus da prova ainda voltava a recair sobre cada nova escritora que surgia. Mesmo nos anos vitorianos, George Eliot ainda era acusada de "grosseria e imoralidade", por tentar "familiarizar o espírito de nossas jovens nas camadas médias e altas com temas que seus pais e irmãos jamais se atreveriam a comentar na presença delas".

Ainda está por se rastrear com clareza o efeito dessas repressões na obra das mulheres, e é um efeito totalmente negativo. O problema da arte já é bastante difícil em si, mesmo sem ter de respeitar a ignorância do espírito das jovens ou pensar se o público vai julgar se os padrões de pureza moral apresentados na obra correspondem aos que ele tem direito de esperar de nosso sexo. A tentativa de acalmar ou, mais naturalmente, de ofender a opinião pública é um desperdício de energia e um pecado contra a arte. Talvez não tenha sido apenas na intenção de receber críticas imparciais que George Eliot e Miss Brontë adotaram pseudônimos masculinos[4]: talvez quisessem libertar a própria consciência, enquanto escreviam, das expectativas tirânicas em relação a seu sexo. Mas não podiam se libertar, e tampouco os homens, de uma outra tirania, mais fundamental – a tirania do sexo em si. O esforço de se libertar, ou melhor, de gozar o que parece, talvez erroneamente, ser a relativa liberdade do sexo masculino frente a essa tirania, é mais uma influência que pesou de maneira catastrófica na escrita feminina. Quando Mr. Brimley Johnson diz que "felizmente a imitação não tem sido o pecado constante das mulheres romancistas", sem dúvida está pensando na obra das mulheres excepcionais que não imitaram um sexo ou um indivíduo de qualquer sexo. Mas uma de suas características marcantes é que elas não estavam pensando se eram ou deixavam de ser mulheres, o que em si é uma prova de que escreviam sob o comando de um instinto profundo e irresistível. As mulheres que queriam ser

---

4. Charlotte Brontë inicialmente escrevia sob o nome de Currer Bell; o nome verdadeiro de George Eliot era Marian Evans. (N.E.)

vistas como homens em sua literatura certamente eram bastante comuns; e, se cederam lugar às mulheres que querem ser vistas como mulheres, a mudança não terá sido para melhor, visto que qualquer ênfase deliberada, seja por orgulho ou por vergonha, no sexo de um escritor é, além de irritante, supérflua. Como Mr. Brimley Johnson nota várias vezes, a escrita de uma mulher é sempre feminina; não pode deixar de ser feminina; nos melhores casos, é extremamente feminina: o único problema é definir o que queremos dizer com "feminina". Ele se mostra sensato não só ao apresentar inúmeras sugestões, mas também ao aceitar o fato, por desconcertante que seja, de que as mulheres podem variar. Mesmo assim, eis algumas tentativas: "As mulheres são pregadoras inatas e sempre trabalham por um ideal". "A mulher é uma realista moral, e seu realismo não se inspira em nenhum ideal de arte, e sim de afinidade com a vida." Mesmo com toda a sua erudição, "a perspectiva de George Eliot se mantém totalmente emotiva e feminina". As mulheres são mais cômicas e satíricas do que imaginativas. Têm um maior senso de pureza emocional do que os homens, mas um senso de humor menos alerta.

Ninguém há de concordar com essas tentativas de definição sem querer tirar ou acrescentar alguma coisa a elas, e no entanto ninguém há de admitir que possa se enganar e tomar um romance de autoria masculina como se fosse de uma mulher. Em primeiro lugar, há a enorme e óbvia diferença de experiências; mas a diferença essencial não é que os homens descrevam batalhas e as mulheres o nascimento dos filhos, e sim que cada sexo descreve a si mesmo. As primeiras palavras usadas para descrever um homem ou uma mulher geralmente bastam para revelar o sexo do escritor; mas, embora se reconheça universalmente o absurdo do herói das mulheres ou da heroína dos homens, ambos os sexos mostram uma enorme rapidez em detetar os defeitos mútuos. Ninguém há de negar a autenticidade de uma Becky Sharp ou de um Mr. Woodhouse.[5] Sem dúvida a vontade e a capacidade de criticar o outro sexo contribuíram para motivar as mulheres a escrever romances, pois de fato essa veia cômica específica tem sido trabalhada com leveza e é muito promissora. Além disso, mesmo que os homens sejam os melhores juízes dos homens e as mulheres das mulheres, há uma faceta de cada sexo que só é conhecida pelo outro sexo, e não consiste apenas no relacionamento amoroso. E por fim (pelo menos nesta resenha) há de se

---

5. Personagens de *A feira das vaidades*, de Thackeray (1848), e de *Emma*, de Jane Austen (1816). (N.E.)

considerar o dificílimo problema da diferença entre a visão masculina e a visão feminina sobre o que constitui a importância de um tema. Daqui derivam grandes diferenças no enredo e nos episódios, e principalmente diferenças infinitas na seleção, no método e no estilo.

A posição intelectual das mulheres

No outono de 1920, o romancista eduardiano de grande sucesso Arnold Bennett publicou uma coletânea de ensaios, chamada *Nossas mulheres: capítulos sobre a discórdia entre os sexos*. Woolf, que estava no campo trabalhando em *O quarto de Jacob*, logo se viu "escrevendo um artigo sobre mulheres, como contraponto às visões negativas de Mr. Bennett noticiadas nos jornais" (*Diário*, II, 26 de setembro de 1920, p. 69). A proposição de Bennett – de que as mulheres eram intelectualmente inferiores aos homens – levou Woolf a pensar mais sobre a questão, que explorou depois em *Um quarto só seu* (1929). Em 2 de outubro, seu amigo Desmond MacCarthy publicou a seguinte resenha do livro de Bennett na *New Statesman*, sob o pseudônimo de Falcão Afável.

Quando perguntavam a Samuel Butler o que pensava sobre as mulheres, ele costumava responder: "Penso o que todo homem sensato pensa"; pressionado, acrescentava: "Homens sensatos nunca dizem". Típico e sugestivo; o celibatário empedernido era uma figura e tanto. Mr. Arnold Bennett escreveu um livro sobre mulheres – não minhas mulheres, notem bem, que é um título que caberia à maioria dos outros livros escritos sobre o assunto. Pois, embora esses livros costumem afirmar que resultam de uma observação distanciada e que tratam das mulheres em geral, usualmente trazem apenas considerações sobre certos tipos familiares ao autor. Parece existir uma tendência irresistível de generalizar o tema. Parece difícil fazer uma observação sobre duas ou três mulheres sem a transformar imediatamente numa proposição sobre todas as mulheres. Reconheço que eu mesmo fiz isso e disse muitas coisas que me pareceram inteligentes e perspicazes na época, mas não eram científicas. Lembro um desses aforismos porque a primeira parte teria, penso eu, a concordância de Mr. Bennett, já que ele cita e aprova o comentário de Lady Mary Montagu: "Em todas as minhas várias viagens, só vi dois tipos de pessoas, e muito parecidas entre si: *a saber, homens e mulheres". Meu aforismo dizia assim: "Homens e mulheres são realmente mais parecidos do que possam imaginar; mas não devem se comportar entre si como se isso fosse verdade".*

O livro de Mr. Bennett, à diferença da maioria dos livros sobre mulheres, não é um ensaio sobre o amor. É um livro sobre economia. O tema principal é a influência do fator econômico sobre as características femininas e as relações entre homens e mulheres. É um livro sensato e, como muitos livros que à primeira vista parecem sensatos e honestos, é superficial. É de leitura agradável, mas não tem nada de brilhante.

Ele revela o mistério – de maneira um tanto estranha, e até dura. O mistério em questão, a meu ver, persegue o espírito das pessoas faz tanto tempo que nem precisaria de maiores justificativas, mas, se Mr. Bennett parece relutar tanto em revelá-lo, é porque é um feminista convicto. Ele acha difícil dizer, mas nem por isso deixa de dizê-lo, que as mulheres são inferiores aos homens em capacidade intelectual, sobretudo naquele tipo de capacidade que se chama criativa. Sem dúvida o fato salta aos olhos; e ele admite que "nenhum grau de educação e liberdade de ação irá alterá-lo sensivelmente". "A literatura mundial pode mostrar pelo menos cinquenta poetas homens maiores do que qualquer poeta mulher..." (Sim; a menos que você concorde com Samuel Butler que a Odisseia *foi escrita por uma mulher).*[6] *"Com a possível exceção de Emily Brontë, nenhuma romancista fez até hoje um romance que se iguale aos grandes romances de homens." (De modo geral é verdade: a concordância neste caso específico é um pouco mais duvidosa.) "Nenhuma mulher jamais fez uma pintura ou escultura melhor do que uma*

---

6. Em *A autora da Odisseia* (1897), Samuel Butler sugeria que o épico tinha sido escrito por uma mulher, pelo fato de apresentar tantas mulheres tão interessantes. (N.E.)

obra de segunda categoria, ou uma música melhor do que uma de segunda categoria." (Verdade; lembrem que o padrão são as obras-primas mundiais.) "E nunca nenhuma mulher se aproximou do que há de mais alto na crítica." (Verdade.) "Alguém é capaz de citar uma filósofa célebre, ou uma mulher que tenha feito uma descoberta científica de primeira categoria, ou uma mulher que tenha chegado a alguma generalização qualquer de primeira categoria?" (Não: lembro novamente o padrão.) Não consigo conceber ninguém que, considerando os fatos com imparcialidade, possa chegar a qualquer outra conclusão. Embora seja verdade que uma pequena porcentagem de mulheres tem a inteligência de um homem inteligente, no geral o intelecto é uma especialidade masculina. Sem dúvida algumas mulheres têm genialidade, mas em menor grau do que Shakespeare, Newton, Michelangelo, Beethoven, Tolstói. A capacidade intelectual média das mulheres também parece muito inferior. Se você transferir o intelecto de um homem inteligente, mas não de inteligência notável, para uma mulher, ela se tornará imediatamente uma mulher de inteligência notável, e suponho que o mesmo se aplique à capacidade de organização geral: um Ford[7] de saias seria uma das sete maravilhas do mundo.

---

7. Henry Ford (1863-1947): industrial americano defensor da linha de produção e fundador da Ford Motor Co. (N.E.)

E daí? Daí que, a longo prazo, de modo geral intelecto significa dominação.

É indubitável que, se as mulheres fossem uma nação em vez de um sexo, o país delas não seria tido como um grande contribuinte para a arte das descobertas no mundo. É uma conclusão demasiado deprimente para as mulheres? Não vejo por que haveria de ser; todos nós, na maioria, estamos acostumados à ideia de que não somos nenhum Aristóteles ou Rembrandt, e damo-nos por plenamente satisfeitos em disputar o sexto ou sétimo lugar, para nem falar no segundo ou terceiro que as mulheres alcançaram.

À página 105 há uma passagem que merece atenção: "Continuarei a afirmar", diz Mr. Bennett, "não só que, mesmo nesta data tão avançada, as mulheres como sexo adoram ser dominadas, como também por muitos milhares de anos, se não para sempre, elas sempre adorarão ser dominadas. Este desejo de ser dominada é, nele mesmo, prova de inferioridade intelectual. É característico e subsiste, apesar de uma impressão geral em alguns lugares de que recentes acontecimentos progressistas, de alguma misteriosa maneira, terminaram com ele". Bem, os homens de intelecto inferior não querem ser dominados, e muitas vezes é uma grande pena que não o queiram. Portanto, esse desejo que Mr. Bennett atribui às mulheres não tem nada a ver com inferioridade intelectual. Ele diz que é "instintivo", e deixa por isso mesmo. É um exemplo do tratamento superficial que dispensa ao tema.

No final do livro, ele dá um exemplo da "discórdia entre os sexos", isto é, os desentendimentos entre homens e mulheres. A briga, neste caso, é por causa de um jardineiro e alguns crisântemos. Jack e Jill discutem por causa dessa questiúncula, e durante a briga um pensa coisas horríveis a respeito do caráter do outro. Mr. Bennett entra na mente dos dois com grande habilidade; mas sua versão das brigas conjugais é um tanto bizarra. Acho que o problema (sinto a mesma coisa em These Twain[8]*) é que os casais dele não parecem realmente íntimos. Até pode ser verdade que a maioria dos casais não são íntimos. A intimidade é uma dádiva, e supõe a capacidade de ser expressivo e, principalmente, de ter apreço pela intimidade. Seja como for, como falta intimidade entre Jack e Jill, eles são desinteressantes, e esse pequeno quadro de Mr. Bennett não se aprofunda muito.*

Cerca de doze anos atrás foi publicado um livro chamado Sexo e caráter, *de Otto Weininger, o qual provocou certo alvoroço. (Tradução publicada pela Heinemann.) O autor era um jovem judeu que se suicidou, e dizem que o livro teve um efeito tão deprimente nas leitoras femininas que pelo menos*

---

8. Romance de Arnold Bennett, publicado em 1916. (N.E.)

duas seguiram o exemplo dele. Era um livro cru e honesto, cheio de injustiças, percepções e raciocínios engenhosos altamente questionáveis. Começava com uma caracterização geral da Mulher, com M maiúsculo, então dividida em dois tipos principais, a Prostituta e a Mãe, que se diferenciavam pela preocupação com os amantes ou com os filhos. Terminava com um discurso sobre os tipos anormais de mulheres e a definição da histeria como "a mentira orgânica das mulheres". Em todo ser humano mesclavam-se os dois elementos, "H" (Homem) e "M" (Mulher), tal como essas características aparecem fisiologicamente em cada um dos sexos. Weininger atribuía ao "H" todas as qualidades morais e intelectuais positivas, e à "M" todas as qualidades negativas. Portanto as mulheres saíam perdendo, pois logicamente havia mais "M" nelas do que na grande maioria dos homens.

Pouco tempo atrás, foi lançado outro livro sobre mulheres, A boa mulher inglesa, *de Mr. Orlo Williams. É uma coletânea de ensaios leves, bem escritos, em tom simpático e ameno. O autor se restringe à mulher inglesa, e o livro é um estudo mais dos costumes e hábitos sociais do que do sexo. Usa um tratamento bastante lisonjeiro, mas na verdade é mais condescendente. Mr. Bennett não é condescendente.*

Falcão Afável

Em 9 de outubro, a *New Statesman* publicou a seguinte carta de Woolf, acompanhada pela réplica de Falcão Afável:

Ao Editor da New Statesman.

Prezado senhor: Como muitas mulheres, sou incapaz de encarar a depressão e a perda de respeito próprio que a censura de Mr. Arnold Bennett e o elogio de Mr. Orlo Williams – se não for ao contrário – certamente me causariam se eu lesse os livros deles. Portanto, sorvo-os aos golinhos nas mãos dos resenhistas. Mas não consigo engolir a colher inteira que Falcão Afável ministrou em suas colunas na semana passada. Diz ele que o fato de as mulheres serem inferiores aos homens em capacidade intelectual lhe "salta aos olhos". A seguir, concorda com a conclusão de Mr. Bennett de que "nenhum grau de educação e liberdade de ação irá alterá-lo sensivelmente". Então, como Falcão Afável explica o fato que me salta aos olhos, e imagino que aos olhos de qualquer observador imparcial, de que o século XVII gerou um maior número de mulheres notáveis do que o século XVI, o século XVIII mais do que o XVII, e o XIX mais do que os três somados juntos? Quando comparo a duquesa de Newcastle e Jane Austen, a inigualável Orinda e Emily Brontë, Mrs.

Heywood e George Eliot, Aphra Behn e Charlotte Brontë, Jane Grey e Jane Harrison[9], o avanço na capacidade intelectual me parece não só sensível, mas imenso; a comparação com os homens não me inclina minimamente ao suicídio; e é impossível exagerar os efeitos da educação e da liberdade. Em suma, embora o pessimismo em relação ao outro sexo seja sempre muito agradável e revigorante, parece um pouco abusado da parte de Mr. Bennett e de Mr. Falcão Afável se entregarem a ele com tanta confiança nas provas que têm diante de si. Assim, mesmo que as mulheres tenham toda razão em crer que o intelecto do sexo masculino está diminuindo sem cessar, seria imprudente, enquanto não tiverem outras provas além das fornecidas pela grande guerra e pela grande paz, anunciá-lo como fato consumado. Para concluir, se Falcão Afável quer realmente descobrir uma grande poetisa, por que não se deixa atrair por uma possível autora da *Odisseia*? É claro que

---

9. "Inigualável Orinda": referência à poeta seiscentista Kathleen Philips (1631-64); Eliza Heywood (1693-1756): atriz, dramaturga e romancista; Aphra Behn (1640-89): prolífica dramaturga, poeta e romancista, e uma das primeiras mulheres a viver do que escrevia; Jane Grey (1537-54): bisneta de Henrique VII e rainha por nove dias, autora de preces e epístolas; Jane Harrison (1850-1928): classicista cuja obra sobre a representação das mulheres na Grécia pré-clássica era muito admirada por Woolf. (N.E.)

não posso alegar que conheço grego como Mr. Bennet e Falcão Afável, mas ouvi dizer muitas vezes que Safo era mulher, e que Platão e Aristóteles a colocaram com Homero e Arquíloco[10] entre seus maiores poetas. Assim, é uma bela surpresa que Mr. Bennett seja capaz de citar cinquenta homens incontestavelmente superiores a ela e, se ele publicar seus nomes, prometo, como gesto daquela submissão tão cara a meu sexo, não só comprar os livros deles, como também, até onde permitirem minhas faculdades, aprendê-los de cor.

Atenciosamente,
Virginia Woolf

Escreve Falcão Afável: Safo alcançou o ápice da fama por volta de 610 a.C. Era contemporânea de Jeremias e Nabucodonosor; quando escrevia, nem Buda tinha nascido. Foi muito tempo atrás. Talvez quando Herculaneum[11] revelar seus tesouros encontrem-se suas obras; hoje em dia, possuímos apenas duas odes curtas e alguns fragmentos preservados em citações, ou fragmentos de fragmentos presos como as asas de uma mosca na cola viscosa de antigos gramáticos. Mesmo assim,

---

10. Poeta satírico grego (714-676 a.C.). (N.E.)

11. Cidade romana soterrada pela lava do vulcão Vesúvio. (N.E.)

Safo é um grande nome. Agora, se ela pode ser incluída entre os cinquenta maiores poetas dos dois mil e quinhentos anos que se passaram desde seu salto do promontório leucádio é, nas atuais circunstâncias, difícil de saber. Talvez se outros poetas dialetais, como Burns[12], tivessem sobrevivido apenas em citações felizes e em si mesmos fossem bons temas poéticos como ela foi, tendo, como diz a lenda, se transformado num cisne durante a queda, também poderiam ter fama de igual grandeza. Mas dois mil e quinhentos anos é muito tempo para esperar uma segunda poetisa à qual se possa atribuir, mesmo que fosse plausível, tal mérito. Supondo que Mr. Bennett admitisse a questão de Safo, fica por explicar esse longo intervalo com outra hipótese, que não seja a de que o espírito criativo em plena capacidade parece ser propriedade de poucos homens. Não havia mais nada que impedisse ao longo dos séculos, até onde consigo entender, que as mulheres que sempre tocaram, cantaram e estudaram música criassem a mesma quantidade de músicas que surgiram entre os homens. Entre os milhões que levaram uma vida religiosa contemplativa, certamente uma ou duas poderiam ter se igualado em realizações a Tomás de Aquino ou Tomás de Kêmpis,

---

12. Robert Burns (1756-96), poeta escocês que escrevia em dialeto. (N.E.)

não?[13] *E mais tarde, quando passaram a ter a pintura a seu alcance, quantos nomes elas podem apresentar? Se no século XIX tivesse existido uma mulher com o intelecto de Mill, não teria aberto seu caminho como fez Harriet Martineau?*[14] *Mill achava que Mrs. Taylor era superior a ele sob todos os aspectos; mas nenhum amigo concordava com ele. Newton era filho de um pequeno agricultor; Herschel, filho de um músico de banda alemão; Faraday, de um ferreiro; Laplace*[15]*, de um camponês pobre. Nada me convencerá de que uma mulher, vivendo na mesma época e em condições mais favoráveis do que as deles, se tivesse mostrado a mesma capacidade e paixão intelectual instintiva, não teria feito o que eles fizeram. Com inteligência e uma plantação*

---

13. Tomás de Aquino (c.1225-74) e Tomás de Kêmpis (c. 1380-1471) foram grandes teólogos da Idade Média. (N.E.)

14. Harriet Martineau (1802-76): famosa literata e estudiosa da sociedade. O filósofo vitoriano John Stuart Mill considerava Harriet Taylor (1808-59), com quem se casou, intelectualmente superior a ele. Ela era uma firme defensora dos direitos femininos, e foi sob a influência dela que Mill escreveu *A submissão das mulheres* (1869), importante contribuição ao tema. (N.E.)

15. Sir William Herschel (1738-1822), astrônomo pioneiro, descobriu o planeta Urano e as luas de Saturno; Michael Faraday (1791-1867), físico e químico, fez importantes descobertas sobre eletricidade; Pierre Simon de Laplace (1745-1827), astrônomo e matemático, teorizou sobre a criação do universo. (N.E.)

de ervilhas, um monge pode virar um Mendel.[16]
*Mantenho minha opinião de que o argumento de
Mr. Bennett é sólido. Mrs. Woolf pergunta como eu
explico que o século XVII gerou um maior número
de mulheres notáveis do que o século XVI, o século
XVIII mais do que o XVII, e o XIX mais do que os
três somados juntos, se não for a educação a causa,
e portanto também a explicação, das parcas realizações das mulheres na época em que era negada
à maioria delas. É evidente que foi a educação
que aumentou o número de mulheres notáveis e
o mérito de suas obras, mas permanecem os fatos:
(1) por mais desfavoráveis que, em muitos aspectos,
tenham sido as condições das mulheres no passado,
não foram mais desfavoráveis do que as condições
enfrentadas e superadas por muitos homens dota-
dos de extraordinária capacidade intelectual; (2)
nas áreas em que essas condições foram menos desfavoráveis (literatura, poesia, música e pintura),
elas não atingiram, à possível exceção da literatura,
os pináculos alcançados pelos homens; (3) apesar
da educação, em atividades que requerem o puro
intelecto, elas não rivalizam com os homens. Isso
não significa, porém, que uma pequena porcentagem das mulheres não seja tão inteligente quanto
qualquer homem inteligente, tão boas artistas, tão*

---

16. Gregor Mendel (1822-84): monge austríaco que formulou as leis da genética. (N.E.)

boas narradoras quanto eles, só que parecem ficar abaixo dos poucos homens que são os melhores de todos.

Em 16 de outubro, a *New Statesman* publicou a resposta de Woolf à réplica de Falcão Afável.

*A*o Editor *da* New Statesman.

Prezado Senhor: Começando por Safo. Não a julgamos, como no caso hipotético de Burns sugerido por Falcão Afável, apenas por seus fragmentos. Complementamos nosso juízo com as opiniões daqueles que conheciam suas obras na íntegra. É verdade que ela nasceu dois mil e quinhentos anos atrás. Segundo Falcão Afável, o fato de não ter surgido nenhuma poetisa com a mesma genialidade desde 600 a.C. até o século XVIII prova que, nesse tempo, não houve nenhuma poetisa potencialmente genial. Segue-se que a ausência de poetisas de mérito mediano durante esse período prova que não houve nenhuma escritora potencialmente medíocre. Não houve nenhuma Safo; mas, até o século XVII ou XVIII, também não houve nenhuma Marie Corelli e nenhuma Mrs. Barclay.[17]

---

17. Corelli (1855-1914) e Florence Barclay (1862-1921), autoras de romances populares; as "más escritoras" segundo Woolf. (N.E.)

Para explicar a ausência completa não só de boas, mas também de más escritoras, não consigo conceber nenhuma razão a não ser alguma restrição externa a suas capacidades. Pois Falcão Afável admite que sempre existiram mulheres com capacidade de segunda ou terceira categoria. Por que, a não ser que estivessem forçosamente proibidas, não expressaram esses talentos na literatura, na música ou na pintura? Penso que o caso de Safo, embora tão remoto, lança um pouco de luz no problema. Cito J. A. Symonds:

Várias circunstâncias contribuíram para ajudar o desenvolvimento da poesia lírica em Lesbos. Os costumes dos eólios permitiam maior liberdade social e doméstica do que o usual na Grécia. As mulheres eólias não ficavam confinadas ao harém como as jônias, nem submetidas à disciplina rigorosa dos espartanos. Misturando-se livremente com a sociedade masculina, eram altamente educadas e acostumadas a expressar seus sentimentos a um grau desconhecido em qualquer outro momento da história – e, na verdade, até hoje.

E agora passando de Safo a Ethel Smyth.[18]

---

18. Ethel Smyth: (1858-1944), compositora e feminista militante. Ela e Virginia Woolf se conheceriam em 1930 e ficariam amigas. (N.E.)

"Não havia mais nada (além da inferioridade intelectual) que impedisse ao longo dos séculos, até onde consigo entender, que as mulheres que sempre tocaram, cantaram e estudaram música criassem a mesma quantidade de músicas que surgiram entre os homens", diz Falcão Afável. Não havia nada que impedisse Ethel Smyth de ir a Munique? Não havia a oposição paterna? E pensava ela que o canto, a prática instrumental e o estudo da música que as famílias abastadas autorizavam a suas filhas permitiam convertê-las em músicas? No entanto, Ethel Smyth nasceu no século XIX. Não existem grandes pintoras, diz Falcão Afável, embora a pintura agora esteja ao alcance das mulheres. Ao alcance delas – só se isso significar que, depois que os filhos receberam educação, ainda restou dinheiro suficiente para tintas e estúdios para as filhas e nenhuma razão doméstica exigindo a presença delas em casa. Do contrário, elas têm de se arriscar e enfrentar uma espécie de tortura com maiores requintes de dor, creio eu, do que qualquer homem possa imaginar. E isso no século XX. Mas, alega Falcão Afável, um grande espírito criativo superaria tais obstáculos. Pode ele apontar um único nome entre os grandes gênios da história que tenha surgido entre um povo privado de educação e mantido na submissão, como por exemplo os irlandeses ou os judeus? Parece-me inquestionável que Shakespeare pode existir porque tem predecessores em sua arte, porque faz parte de um grupo que discute e pratica a arte em liberdade, porque ele mesmo tem grande liberdade de ação e experiência. Talvez em Lesbos as mulheres pudessem gozar dessas condições, mas desde então nunca mais foi o caso. Falcão Afável cita vários homens que venceram a pobreza e a ignorância. Seu primeiro exemplo é Isaac Newton. Newton era filho de um agricultor; frequentou a escola; não quis trabalhar na lavoura; o tio, um clérigo, aconselhou que fosse dispensado do trabalho agrícola e se preparasse para a universidade; aos dezenove anos, ele foi enviado ao Trinity College, em Cambridge. (Ver DNB.) Ou seja, Newton teve de enfrentar a mesma oposição que encontra a filha de um advogado do interior que queira ir a Newnham no ano de 1920. Mas as dificuldades dele não tiveram o reforço dado pelas obras de Mr. Bennett, Mr. Orlo Williams e Falcão Afável.

Deixando isso de lado, o que quero dizer é que não se terá um grande Newton enquanto não se gerar um número considerável de pequenos Newtons. Espero que Falcão Afável não venha a me acusar de covardia se eu não ocupar este espaço com um exame das carreiras de Laplace, Faraday e Herschel, nem comparar as vidas e realizações de Tomás de Aquino e Santa Teresa, nem decidir quem, Mill ou seus amigos, estava errado a respeito de Mrs. Mill. O fato, como penso que havemos de concordar, é que as mulheres, desde os primeiros tempos até o presente, têm dado à luz toda a população do universo. Essa atividade toma muito tempo e energia. Tal fato também levou a se sujeitarem aos homens e, diga-se de passagem – se fosse esta a questão –, desenvolveu nelas algumas das qualidades mais admiráveis e apreciáveis da espécie. Discordo de Falcão Afável não porque ele negue a atual igualdade intelectual entre homens e mulheres. E sim porque afirma, com Mr. Bennett, que o espírito da mulher não é sensivelmente afetado pela educação e pela liberdade; que é incapaz das mais altas realizações, e que deve permanecer para sempre na condição em que se encontra agora. Devo repetir que o fato de terem as mulheres se aprimorado (que Falcão Afável agora parece admitir) mostra que elas podem se aprimorar ainda mais; pois não consigo entender por que haveria de se impor um limite a seu aprimoramento no século XIX, e não, por exemplo, no século CXIX. Mas o que é necessário não é apenas a educação. É que as mulheres tenham liberdade de experiência, possam divergir dos homens sem receio e expressar claramente suas diferenças (pois não concordo com Falcão Afável que homens e mulheres sejam iguais); que todas as atividades mentais sejam incentivadas para que sempre exista um núcleo de mulheres que pensem, inventem, imaginem e criem com a mesma liberdade dos homens e, como eles, não precisem recear o ridículo e a condescendência. Essas condições, a meu ver muito importantes, são dificultadas por declarações como as de Falcão Afável e Mr. Bennett, pois para um homem ainda é muito mais fácil do que para uma mulher dar a conhecer suas opiniões e vê-las respeitadas. Não tenho dúvidas de que, caso tais opiniões prevaleçam no futuro, continuaremos num estado de barbárie semicivilizada. Pelo menos é assim que defino a perpetuação do domínio de um lado e, de outro, da servilidade. Pois a degradação de ser escravo só se equipara à degradação de ser senhor.

Atenciosamente,
Virginia Woolf

Escreve Falcão Afável: Se a liberdade e a educação das mulheres são dificultadas pela expressão de minhas opiniões, não discutirei mais.

Duas mulheres

Resenha das *Cartas de Lady Augusta Stanley* (*Letters of Lady Augusta Stanley*, ed. Deão de Windsor e Hector Bolitho, Gerald Howe, 1927) e *Emily Davies and Girton College*, de Lady Barbara Stephen, publicada inicialmente em *Nation and Athenaeum*, 23 de abril de 1927.

Até o começo do século XIX, a mulher de renome era invariavelmente uma aristocrata. Era a grande dama que comandava, escrevia cartas e tinha influência política. Entre a imensa classe média, poucas mulheres alcançaram posições de destaque, e essa condição social anódina não atraía a mesma atenção que se dava aos esplendores dos ricos e às misérias dos pobres. Lá continuam elas, mesmo na primeira metade do século XIX, um vasto corpo, vivendo, casando-se, criando filhos na monótona obscuridade, até que finalmente começamos a imaginar se não havia algo na própria condição delas – a idade com que se casavam, o número de filhos que tinham, a privacidade que lhes era negada, as rendas que não possuíam, as convenções que as sufocavam, a educação que nunca recebiam – tão marcante que a classe média, o grande reservatório de onde extraímos nossos homens ilustres, só trouxe à cena um número singularmente reduzido de mulheres capazes de ladeá-los.

A biografia de Miss Emily Davies, escrita por Lady Stephen, é de grande interesse porque lança luz nesse capítulo obscuro e sombrio da história humana. Miss Davies nasceu em 1830, numa família de classe média que podia arcar com a educação dos filhos, mas não das filhas. Segundo ela, sua educação foi muito parecida com a das filhas de outros clérigos da época. "Vão à escola? Não. Têm preceptoras em casa? Não. Fazem lições e avançam como podem." Mas, se a educação positiva tivesse parado depois de um pouco de latim, um pouco de história, um pouco de trabalho doméstico, não teria tanta importância. O opressivo e sufocante era o que podemos chamar de educação negativa, que decreta não o que se pode fazer, e sim o que não se pode fazer. "Provavelmente apenas as mulheres submetidas a ela podem entender o peso do desestímulo ao ouvirmos constantemente que, como mulheres, nunca se espera muita coisa de nós... Mulheres que viveram na atmosfera criada por tal doutrinação sabem como isso sufoca e desanima, como é difícil ter coragem para superá-la." Mesmo assim, regras e sermões ditados por ambos os sexos formaram um credo, imposto com todo vigor. Charlotte Yonge[19] escreveu: "Não tenho qualquer hesitação em declarar minha plena fé na inferioridade da mulher, nem na que ela cultiva em si mesma". E lembrava a seu sexo um episódio doloroso de uma serpente num jardim, que havia definido o destino das mulheres, dizia ela, para todo o sempre. A simples menção aos Direitos da Mulher enfurecia tanto a rainha Vitória que "ela não consegue se controlar".[20] Mr. Greg, frisando suas palavras, escreveu que "a essência das mulheres é *serem sustentadas pelos homens e servirem a eles*".[21] A única outra ocupação admissível, de fato, era serem governantas ou costureiras, "e estes dois empregos estavam naturalmente lotados". Se as mulheres quisessem pintar, até 1858 existia em Londres apenas um curso de modelos ao vivo onde poderiam aprender. Se fossem músicas, havia o inevitável piano, mas o grande objetivo era chegar a uma excelente execução mecânica, e a passagem de Trollope mostrando

---

19. Charlotte Yonge (1823-1901): escritora inglesa, autora de *Womankind* (1876). (N.E.)

20. Citação de *Sir* Theodore Martin, *Queen Victoria as I Knew Her* (1908). (N.E.)

21. Citação de "Why are Women Redundant?" (1868). (N.E.)

quatro moças[22] na mesma sala, tocando ao mesmo tempo quatro pianos, todos eles desafinados, parece se basear em fatos reais, como costumam ser as descrições de Trollope. Escrever era a arte mais acessível, e escrever elas escreviam, mas livros profundamente influenciados pelo ângulo de onde eram obrigadas a olhar o mundo. Sem grandes afazeres, sempre interrompidas, com bastante tempo ocioso, mas poucos momentos para si mesmas, sem nenhum dinheiro próprio, essas legiões de mulheres apáticas iam procurar consolo e atividade na religião, ou, se isso falhava, entregavam-se, como disse Miss Nightingale[23], "àquele perpétuo devaneio que é tão perigoso". Algumas chegavam a invejar as classes trabalhadoras, e Miss Martineau saudou[24] com franco prazer a ruína de sua família. "Eu, que tinha sido obrigada a escrever antes do café da manhã ou às escondidas, a partir daí tive liberdade de trabalhar à minha maneira, pois havíamos perdido nossa posição." Mas chegara a época de outras eventuais exceções entre pais e filhas. Mr. Leigh Smith, por exemplo, concedeu à filha Barbara a mesma renda que deu aos filhos. Prontamente ela criou uma

---

22. Referência à cena do romance *Miss Mackenzie* (1865), do escritor inglês Anthony Trollope (1815-82). (N.E.)

23. Florence Nightingale (1820-1910): célebre escritora e enfermeira britânica. (N.E.)

24. Em sua *Autobiography* (1877). (N.E.)

escola de nível avançado. Miss Garrett se tornou médica porque os pais, embora aflitos e chocados, se reconciliariam com a ideia se ela tivesse êxito. Miss Davies tinha um irmão solidário que lhe deu apoio em sua decisão de reformar a educação das mulheres. Com tais incentivos, nos meados do século XIX, as três mulheres começaram a liderar a legião de desempregadas em busca de trabalho. Mas a guerra de um sexo pelos direitos e posses do outro não é de maneira nenhuma uma simples questão de ataque e vitória ou derrota. Nem os meios nem os fins são claros e explícitos. Existe, por exemplo, a poderosíssima arma do encanto feminino – que uso dariam a ela? Miss Garrett disse que se sentia "muito mesquinha em tentar me aproximar dos médicos com todas as pequenas astúcias femininas". Mrs. Gurney[25] reconhecia a dificuldade, mas comentou que "o sucesso de Miss Marsh entre os operários de obras"[26] fora obtido principalmente por esses meios,

---

25. Elizabeth Gurney Fry (1780-1845): reformadora social inglesa, defensora da Sociedade para o Ensino Público Feminino, projeto para criar escolas secundárias para moças. (N.E.)

26. Catherine Marsh (1818-1912): autora do livro *English Hearts and English Hands* (1858), muito conhecido na época. Fez alguns trabalhos entre operários das ferrovias e firmou-se distribuindo obras religiosas e dando aulas para os operários que construíram o Palácio de Cristal para a Grande Exposição de 1851. (N.E.)

os quais, bem ou mal, decerto eram de enorme valia. Assim temos a curiosa cena, ao mesmo tempo tão divertida e tão humilhante, de mulheres sérias e atarefadas jogando croquê e fazendo tricô para agradar e enganar os olhos masculinos. "Três lindas moças" foram postas em lugar bem visível, na primeira fila de uma reunião, e Miss Garrett também se sentou ali, parecendo "exatamente uma daquelas jovens cujo instinto é fazer o que lhes dizem". Pois as razões pelas quais elas tinham de se reunir usando essas vias tortuosas eram, em si mesmas, extremamente vagas. Havia algo chamado "o tenro botão da virgindade" que não podia ser tocado. Havia a castidade, claro, e a inocência, a doçura, a generosidade, a afabilidade virginal; todas elas sofreriam se se permitisse que as mulheres aprendessem grego e latim. Em 1864, a *Saturday Review*[27] expressou com toda a clareza o que os homens receavam quanto às mulheres e o que precisavam delas. A ideia de submeter jovens senhoritas a exames na universidade local "é quase de tirar o fôlego", dizia o articulista. Se tivessem de ser examinadas, seria preciso providenciar que os examinadores fossem "eruditos de idade avançada", e que as esposas presumivelmente idosas desses senhores idosos ocupassem "uma posição de destaque na galeria".

---

27. Em "Feminine Wranglers" [Polemistas femininas], artigo publicado em 23 de julho de 1864. (N.E.)

Mesmo assim, seria "quase impossível convencer o mundo de que uma bela mulher obteve suas honras de maneira justa". Pois, escrevia o crítico, a verdade era que "há um instinto masculino forte e inextirpável de que uma jovem culta ou mesmo talentosa é o monstro mais intolerável de toda a criação". Foi contra esses instintos e preconceitos, sólidos como raízes fundas, mas impalpáveis como uma neblina dos mares, que Miss Davies teve de lutar. Passava os dias numa roda das mais variadas atividades. Além do trabalho concreto de arrecadar fundos e combater preconceitos, ela tinha de decidir as mais delicadas questões morais que, com a vitória à vista, começavam a ser levantadas pelas estudantes e pelas famílias. Uma mãe, por exemplo, só lhe confiaria a educação da filha se ela voltasse para casa "como se nada tivesse acontecido" e não fizesse "nada de excêntrico". As estudantes, por sua vez, cansadas de ficar olhando o expresso de Edimburgo desengatar um vagão em Hitchin ou de percorrer a alameda com pesados patins de ferro, começaram a jogar futebol, e depois convidaram os professores a assisti-las representando cenas de Shakespeare e de Swinburne, vestidas com roupas masculinas. Era, de fato, uma questão muito séria; a grande George Eliot foi consultada; foi consultado Mr. Russel Gurney; consultado também Mr. Tomkinson. Concluíram que era pouco feminino; representar Hamlet, só de saia.

Miss Davies era decididamente austera. Quando entrou bastante dinheiro para a universidade, não quis gastar em luxos. Quis quartos – uma quantidade cada vez maior de quartos para abrigar aquelas jovens infelizes que desperdiçavam a juventude em sonhos indolentes ou catavam algumas migalhas de conhecimento na sala de estar da família. "A privacidade era o único luxo que Miss Davies desejava para as alunas, e a seus olhos não era um luxo – ela desprezava os luxos – e sim uma necessidade." Mas um quarto bastava. Não julgava que precisassem de poltronas para sentar ou de quadros para contemplar. Ela mesma viveu nos alojamentos com muita austeridade, até os 72 anos, combativa, argumentativa, claramente preferindo uma reunião de trabalho em Veneza em vez de visitar os palácios e os museus, consumida por uma paixão abstrata pela justiça às mulheres que irritava as personalidades banais e tornava-a um pouco intolerante diante das frivolidades sociais. Certa vez ela perguntou, com seu jeito cáustico e admirável, se valia a pena, depois de conhecer Lady Augusta Stanley, frequentar a aristocracia: "Senti claramente que, se fosse visitar Lady Stanley mais uma vez, teria de arranjar um chapéu novo. E está certo gastar o dinheiro em chapéus e conduções em vez de livros instrutivos?". Pois talvez faltasse um pouco de encanto feminino a Miss Davies.

Essa crítica ninguém poderia fazer a Lady Augusta Stanley. Não poderiam existir duas mulheres mais diferentes no mundo. É verdade que Lady Augusta não era mais instruída em senso livresco do que as mulheres de classe média defendidas por Miss Davies. Mas era a mais fina flor da educação desfrutada por alguns séculos pelo pequeno círculo de mulheres aristocráticas. Recebera sua educação na sala de visitas de sua mãe em Paris. Conversara com todos os homens e mulheres ilustres da época – Lamartine, Mérimée, Victor Hugo, o duque de Broglie, Sainte-Beuve, Renan, Jenny Lind, Turguêniev[28] – todos

---

28. Alphonse de Lamartine (1790-1869), poeta, escritor e político francês; Prosper Mérimée (1803-70), contista e romancista francês, autor de *Carmen* (1845); Victor Hugo (1802-85), principal poeta romântico, romancista e dramaturgo francês; duque de Broglie (1821-1901), estadista e homem de letras francês; Charles Sainte-Beuve (1804-69), crítico literário francês, admirado por Matthew Arnold e outros como fundador da crítica moderna; Ernest Renan (1823-92), escritor, filósofo e professor de hebraico que aplicou a pesquisa histórica científica ao cristianismo em *Vie de Jésus* (1863); Jenny Lind (1820-87), soprano sueca, conhecida como o "Rouxinol Sueco"; Ivan Turguêniev (1818-83), romancista e dramaturgo russo, muito admirado por Woolf. (N.E.)

iam conversar com Lady Elgin e se entreter com suas filhas. Lá ela desenvolveu aquela sensibilidade transbordante, aquela simpatia inextinguível que seriam tão prodigamente utilizadas depois de anos. Pois ela era muito nova quando ingressou na família da duquesa de Kent. Morou lá durante quinze anos de sua juventude. Durante quinze anos foi a vida e a alma daquele "lar calmo, insípido, afetuoso de gente idosa em Frogmore e Clarence House". Nunca acontecia nada. Saíam e ela pensava como eram encantadoras as crianças da aldeia. Andavam e a duquesa colhia urzes. Voltavam para casa e a duquesa estava cansada. Mas nem por um instante, abrindo a alma numa profusão de cartas às irmãs, ela se queixa ou deseja outra vida.

Visto com sua lupa muito pessoal, o mais ínfimo acontecimento na vida da família real era extremamente aflitivo ou indizivelmente maravilhoso. O príncipe Arthur estava mais bonito do que nunca. A princesa Helena era tão encantadora! A princesa Ada caiu do cavalo. O príncipe Leo era desobediente. A Querida Duquesa queria uma sombrinha verde. O sarampo tinha passado, mas ameaçava voltar. Ouvindo Lady Augusta a exclamar e protestar em surtos alternados de êxtase e desespero, imaginaríamos que ler em voz alta para a velha duquesa de Kent era a mais empolgante das atividades, e que os reumatismos e enxaquecas das velhas damas eram catástrofes da maior magnitude. Pois inevitavelmente a força da empatia, quando se desenvolve em tão alto grau e se descarrega apenas nas relações pessoais, tende a criar uma atmosfera de estufa onde os detalhes domésticos adquirem proporções gigantescas e o espírito se alimenta de cada detalhe das doenças e mortes com um prazer próximo da glutonaria. O espaço dedicado no livro à doença e ao casamento ultrapassa de longe todas as referências à arte, à literatura ou à política. Tudo é pessoal, emocional e detalhado como aqueles romances tão inevitavelmente escritos por mulheres.

Era uma vida assim, uma atmosfera assim que Mr. Greg, a *Saturday Review* e muitos homens, que desfrutaram pessoalmente dos máximos rigores da educação, gostariam que fossem preservadas. E talvez haja alguma justificativa para eles. Afinal é difícil ter certeza se um docente universitário é o mais elevado tipo humano que conhecemos; e há algo na capacidade de Lady Augusta de engrandecer o trivial e dar brilho ao monótono que parece sugerir algum tipo de educação extremamente árdua por detrás. Mesmo assim, quando lemos lado a lado as biografias das duas mulheres, não há como duvidar de que Miss Davies encontrava mais interesse, mais prazer e mais utilidade num único mês de sua vida do que Lady Augusta num ano inteiro de sua existência. Ao que parece, Lady Augusta teve um relance disso, mesmo no Castelo de Windsor. Talvez ser uma mulher ao velho estilo seja um pouco cansativo; talvez não seja totalmente satisfatório. De qualquer modo, Lady Augusta parece ter se apercebido de outras possibilidades. A companhia literária era a que mais lhe agradava, disse ela. E acrescentou de maneira um tanto surpreendente: "Sempre disse que gostaria de ter sido membro de uma faculdade". Em todo o caso, ela foi uma das primeiras pessoas a apoiar Miss Davies, reivindicando educação universitária para as mulheres. Terá Miss Davies sacrificado seu livro e comprado um chapéu? Terão as duas mulheres, tão diferentes em todos os outros aspectos, concordado sobre isso – a educação de seu sexo? É tentador pensar que sim, e imaginar que dessa união entre a mulher de classe média e a dama da corte tenha nascido alguma maravilhosa fênix do futuro, combinando a nova eficiência e a antiga amenidade, a coragem da indômita Miss Davies e o encanto de Lady Augusta.

Memórias de uma União das Trabalhadoras

> Este ensaio foi escrito como introdução a um livro chamado *Life As We Have Known It* [*A vida como conhecemos*], da Cooperativa de Trabalhadoras (ed. Margaret Llewellyn Davies, Hogarth Press, 1931). Foi publicado inicialmente em *Yale Review*, em setembro de 1930, com algumas diferenças que também aparecem nas reedições posteriores publicadas por Leonard Woolf, algumas das quais estão reproduzidas nas notas, devido a seu interesse.

Quando vocês me pediram para escrever o prefácio a uma coletânea de artigos escritos por trabalhadoras, que vocês organizaram em forma de livro, respondi que preferia ser afogada a escrever um prefácio a qualquer livro que seja. Os livros devem valer por si, foi o que argumentei (e penso que é um argumento sólido). Se precisam ser escorados por um prefácio aqui, uma introdução ali, mais parecem uma mesa que precisa de um chumaço de papel em baixo de uma das pernas para ficar firme. Mas vocês me deixaram os artigos e, folheando-os, vi que desta vez o argumento não se aplicava – este livro não é um livro.

Virando as páginas, comecei a me perguntar: então o que é esse livro, se não é um livro? Qual é o caráter dele? Que ideias apresenta? Que velhos raciocínios e lembranças ele me desperta? E como nada disso tinha algo a ver com uma introdução ou prefácio, mas me fazia lembrar de vocês e de certas imagens do passado, peguei uma folha de papel e escrevi esta carta, não para o público, e sim para vocês.

Vocês esqueceram (escrevi) uma manhã quente de junho em Newcastle no ano de 1913, ou pelo menos não lembram o que eu lembro, porque estavam ocupadas com outras coisas. Estavam com a atenção totalmente absorvida por uma mesa verde, diversas folhas de papel e uma sineta. Além disso, eram constantemente interrompidas. Havia uma mulher usando um daqueles galardões de prefeito, e sentou-se talvez à direita de vocês; havia outras mulheres sem enfeites, só com canetas-tinteiro e pastas de documentos – sentaram-se talvez à esquerda. Logo se formou uma fila no estrado, com mesas, porta-canetas com tinteiros e copos d'água; enquanto embaixo nós lotávamos, acotovelando-nos e arrastando-nos às centenas, a área toda de algum grande edifício municipal. Então os trabalhos começaram. Talvez tocasse um órgão. Talvez cantassem. De repente os risos e as conversas silenciaram. Uma sineta tilintou; uma figura se levantou; do meio de nós saiu uma mulher; subiu no estrado; falou exatamente cinco minutos; desceu. Tão logo se sentou, outra mulher se levantou; subiu no estrado, falou exatamente cinco minutos e desceu; então se levantou uma terceira, e depois uma quarta – e assim por diante, uma oradora após a outra, uma da direita, outra da esquerda, outra do meio, outra do fundo – cada uma delas ia até a tribuna, dizia o que tinha a dizer e dava lugar à seguinte. Aquela regularidade tinha algo de militar. Eram como atiradoras, pensei eu, levantando-se uma por vez para disparar com o rifle num alvo. Às vezes erravam, e estouravam as gargalhadas; às vezes acertavam, e estouravam os aplausos. Mas, saísse o tiro certo ou errado, não havia dúvida de que a mira era cuidadosa. Não se atirava a esmo[29]; não havia eloquência fácil. A oradora ia até a tribuna armada com seu discurso. Trazia no rosto decisão e determinação. Havia tantas coisas a dizer entre os toques da sineta que não podia perder um segundo. Chegara o momento

---

29. Na metáfora da caça, atira-se a esmo para assustar as aves escondidas nas moitas e obrigá-las a levantar voo. Contratavam-se também batedores para andar em volta das moitas, com o mesmo objetivo, mas aqui as mulheres são as atiradoras. (N.E.)

que ela estava esperando, talvez durante muitos meses. Chegara o momento para o qual tinha reservado roupa, chapéu e sapatos – os trajes tinham discreta aparência de novos. Mas chegara principalmente o momento em que ia expor suas ideias, as ideias de seu eleitorado, as ideias das mulheres que a tinham enviado de Devonshire, talvez, de Sussex ou de algum vilarejo de minas de carvão em Yorkshire, para expô-las em nome delas em Newcastle.

Logo ficou evidente que as ideias que se estendiam por uma área tão grande da Inglaterra eram ideias vigorosas, de espíritos trabalhando com grande energia. Em junho de 1913, estavam pensando na reforma das Leis do Divórcio, nos impostos territoriais, no Salário Mínimo. Pensavam na assistência à maternidade, na Lei dos Conselhos de Fábrica [Trades Board Act], na educação para os maiores de 14 anos; eram unânimes que o Governo deveria instituir o Sufrágio para os adultos – estavam pensando, em suma, em todas as espécies de questões públicas, e pensando de maneira construtiva e combativa. Accrington não concordava com Halifax, nem Midddlesbrough com Plymouth. Havia debate e oposição; perdiam resoluções, venciam emendas. Mãos se erguiam rijo feito espadas, ou se comprimiam rijo junto ao corpo. As oradoras se sucediam; a sineta dividia a manhã em tempos exatos de cinco minutos cada.

Enquanto isso – vou tentar resumir, depois de dezessete anos, os pensamentos que percorriam o espírito das convidadas, que tinham vindo de Londres e de outros lugares, não para participar, mas para ouvir – enquanto isso, do que se tratava tudo aquilo? Qual o sentido daquilo? Aquelas mulheres reivindicavam divórcio, educação, direito de voto – boas coisas, todas elas. Reivindicavam salários maiores e jornadas menores – haveria coisa mais razoável? E no entanto, mesmo sendo tudo tão razoável, uma grande parte tão indispensável e uma parte tão engraçada, no espírito das convidadas uma onda de desconforto pesava e se movia de lá para cá, incômoda. Todas essas questões – era isso talvez que estava no fundo – que interessam tanto às pessoas aqui, questões de saneamento, de educação, de salários, essa reivindicação de um xelim a mais, de um ano a mais na escola, de oito em vez de nove horas atrás de um balcão ou numa fábrica, não me tocam, não na carne e na alma. Se todas as reformas reivindicadas fossem atendidas naquele mesmo instante, isso não moveria um único fio de minha confortável cabeça capitalista. Logo, meu interesse é meramente altruísta. É um verniz superficial e desbotado. Não tem força nem vitalidade. Posso aplaudir ou bater os pés com toda força, o som tem um vazio que me denuncia. Sou uma espectadora benevolente. Estou irremediavelmente separada dos atores. Estou aqui sentada hipocritamente, aplaudindo e batendo os pés, uma ovelha desgarrada. E não só no fundo, por cima também, minha razão (estávamos em 1913, lembrem) não parava de me dizer que, mesmo que a resolução, qualquer uma, fosse aprovada por unanimidade, aquele som dos pés e das mãos era vazio. Podia sair pela janela aberta e se juntar ao barulho dos caminhões e dos cascos no calçamento de Newcastle – um bulício sem sentido. O espírito podia estar ativo; o espírito podia ser agressivo; mas o espírito não tinha corpo; não tinha pernas ou braços para impor sua vontade. Em toda aquela plateia, entre todas aquelas mulheres que trabalhavam, geravam filhos, lavavam, cozinhavam, pechinchavam, não havia uma única que votasse. Que disparem seus rifles se quiserem, mas não vão atingir nenhum alvo: são apenas balas de festim. Era um pensamento irritante e deprimente ao extremo.

O relógio agora tinha dado onze e meia. Então havia ainda muitas horas pela frente. E se a pessoa já tinha chegado a esse grau de irritação e desânimo às onze e meia da manhã, em que abissal tédio e desespero não estaria mergulhada às cinco e meia da tarde? Como aguentar um dia inteiro de discurseiras? E principalmente como dizer a vocês, nossas anfitriãs, que o Congresso era tão insuportavelmente exasperante que iríamos pegar correndo o primeiro trem de volta para Londres? A única chance era operar alguma feliz mágica, alguma mudança de atitude que transformasse o vazio e a vagueza dos discursos em carne e osso. Se não, continuariam intoleráveis. Mas imaginem a pessoa fazendo uma brincadeira; imaginem ela dizendo como uma criança: "Vamos fazer de conta", "Vamos fazer de conta", dizia ela a si mesma, olhando a oradora, "que eu sou Mrs. Giles de Durham City". Uma mulher chamada assim tinha acabado de tomar a palavra. "Sou casada com um mineiro. Ele volta para casa grosso de fuligem. Primeiro precisa tomar banho. Depois precisa jantar. Mas só tem uma caçarola. Meu fogão está cheio de panelas. Não tenho como dar conta. Toda minha louçarada está coberta de pó outra vez. Por que, santo Deus, não tenho água quente e luz elétrica quando as mulheres de classe média..." Então num salto me encarno naquilo e reivindico ardorosamente uma "reforma dos aparelhos e equipamentos domésticos". Num salto me encarno na pessoa de Mrs. Giles de Durham; na pessoa de Mrs. Phillips de Bacup; na pessoa de Mrs. Edwards de Wolverton.

Mas, afinal, a imaginação é em boa medida filha da carne. Não daria para ser Mrs. Giles de Durham porque o corpo nunca se dobrou numa tina de lavar; as mãos nunca prensaram, esfregaram e picaram qualquer coisa que pudesse virar jantar de um mineiro. Então a cena ficava sempre se perdendo em incongruências. A gente via paisagens rurais e marinhas, talvez a Grécia ou a Itália, onde Mrs. Giles ou Mrs. Edwards deviam ver montes de escória e filas e mais filas de casas populares. Sempre se insinuava algo de um mundo que não era o delas, falseando a imagem e tornando a brincadeira pueril demais.

Claro que sempre daria para corrigir essas imagens fantasiosas olhando a pessoa em carne e osso – Mrs. Thomas, Mrs. Langrish ou Miss Bolt de Hebden Bridge. Valia a pena olhar. Certamente não havia poltronas, luz elétrica ou água quente na vida delas; e nem colinas gregas ou baías mediterrâneas em seus sonhos. Padeiros e açougueiros não vinham entregar os pedidos. Não assinavam cheques para pagar as contas da semana, nem reservavam por telefone um lugar barato, mas muito bom, no teatro. Se saíam em viagem, era por um dia, levando comida na sacola e os nenês no colo. Não percorriam a casa e diziam: essa capa precisa lavar, esses lençóis precisa trocar. Mergulhavam os braços dentro da água quente e elas mesmas esfregavam as roupas. Por isso tinham um corpo atarracado e musculoso, mãos grandes, gestos lentos e pesados de gente que fica rígida muito tempo e então se joga exausta numa cadeira de costas duras. Não tocavam nada de leve. Agarravam os papéis e canetas como se fossem vassouras. Tinham rosto decidido, cheio de rugas e vincado de sulcos. Era como se estivessem com os músculos sempre tesos e no limite. Os olhos pareciam estar sendo postos em algo concreto – panelas fervendo, crianças fazendo molecagens. Os lábios nunca mostravam as emoções mais leves e soltas que aparecem quando o espírito está plenamente à vontade com o presente. Não, elas não tinham absolutamente nada de soltas, afáveis, cosmopolitas. Eram nativas da terra, com raízes num só lugar. Até os nomes pareciam pedras dos campos – comuns, sem graça, batidos, obscuros, privados de todos os esplendores do romance e da amizade. Claro que queriam banheiras, fogões, educação, 17 e não 16 xelins, liberdade, ar e... "E", disse Mrs. Winthrop de Spennymoor, irrompendo nesses pensamentos com palavras que pareciam um estribilho, "podemos esperar"... "Sim", repetiu ela como se tivesse esperado tanto que a última etapa daquela imensa vigília não era nada, pois já se avistava o fim, "podemos esperar". E desceu rígida do estrado e voltou para sua cadeira, uma mulher de idade usando suas melhores roupas.

Então falou Mrs. Potter. Depois Mrs. Elphick. Depois Mrs. Holmes de Edgbaston. E assim continuou, e finalmente, depois de incontáveis discursos, depois de muitas refeições coletivas em mesas compridas e muitas discussões – o mundo devia ser reformado de cima a baixo, numa série de maneiras –, depois de ver embalar as geleias da cooperativa e preparar os biscoitos da cooperativa, depois de algumas cantigas e cerimônias com bandeiras, a antiga presidente passou a insígnia do cargo à nova presidente, com um beijo; o Congresso se dispersou; as participantes que tinham se levantado com tanta valentia e falado com tanta ousadia enquanto o relógio contava os cinco minutos de cada uma voltaram para Yorkshire, Gales, Sussex e Devonshire, guardaram as roupas no armário e mergulharam de novo as mãos na tina de lavar.

Mais tarde, naquele mesmo verão, as ideias aqui tão impropriamente descritas foram discutidas outra vez, mas não num auditório público cheio de bandeiras e de vozes. A sede da União, o centro de onde, imagino eu, saíam oradoras, papéis, porta-canetas, tinteiros e copos, ficava em Hampstead naquela época. Se me permitem relembrá-las que podem ter esquecido, vocês nos convidaram; pediram-nos para expor o que tínhamos achado do Congresso. Mas tive de parar na soleira daquela respeitabilíssima casa antiga, com seus entalhes e painéis setecentistas, como de fato paramos, pois ninguém podia entrar e subir sem topar com Miss Kidd. Miss Kidd ficava sentada à sua máquina de escrever na recepção. A impressão era que Miss Kidd tinha decidido ser uma espécie de cão de guarda para afastar os intrusos de classe média que vinham tomar tempo e se intrometer na vida dos outros. Se era por isso que ela usava roupas de um peculiar roxo escuro, isso eu não sei. A cor parecia meio simbólica. Era baixinha, mas, por causa da testa carrancuda e da opressão que parecia emanar do vestido, era também muito pesada. Parecia carregar nos ombros uma dose extra das injustiças do mundo. Quando teclava, parecia que estava fazendo aquela máquina transmitir mensagens pressagas e agourentas para um universo indiferente. Mas ela se abrandou e, como tudo que se abranda depois da opressão, aquilo teve um súbito encanto. Então subimos, e lá em cima demos com uma figura muito diferente – com Miss Lilian Harris, a qual, fosse por causa da roupa marrom, do sorriso sereno ou do cinzeiro onde muitos cigarros tinham sido amistosamente fumados até o fim, era a própria imagem da leveza e da tranquilidade. Se a pessoa não soubesse que Miss Harris era para o Congresso o que o coração é para as veias mais distantes – que a grande máquina em Newcastle não teria batido e pulsado sem ela – que tinha reunido, selecionado, convocado e organizado toda aquela assembleia de mulheres, operação bastante complicada, mas muito metódica –, jamais descobriria ao vê-la. Nunca estava muito ocupada; apenas lambia e colava alguns selos e punha o endereço em alguns envelopes – era uma mania dela – tal era a impressão que passava. Era Miss Harris que tirava os papéis das cadeiras e as xícaras de chá do armário. Era ela que respondia às perguntas sobre números, infalivelmente pegava a pasta certa de cartas e se sentava ouvindo, sem falar muito, mas calma e compreensiva, qualquer coisa que dissessem.

Permitam-me montar em poucas frases e numa mesma cena várias conversas aleatórias, ocorridas em diferentes ocasiões e diversos lugares. Então dissemos – pois agora vocês saíram de uma sala e, se Miss Kidd era roxa e Miss Harris era marrom nas cores, nós, falando pictoricamente (e não ouso falar mais explicitamente), éramos martins-pescadores azuis, arremetendo como flechas tão decididas quanto essa ave veloz – então dissemos que o Congresso tinha despertado as mais variadas ideias e pensamentos. Tinha sido uma revelação e uma desilusão. Sentimo-nos humilhadas e enfurecidas. Para começar, dissemos, todo o falatório, ou grande parte dele, foi banal. Queriam banheiras e dinheiro. Não se pode esperar que nós, com nosso espírito voando livre na ponta da linha de um pouco de capital, desçamos para ficar amarradas de novo àquele estreito terreno da ganância e do desejo de consumo. Temos banheiras e dinheiro. Portanto, por mais que nos solidarizássemos, nossa solidariedade era em larga medida fictícia. Era uma solidariedade estética, a solidariedade do olhar e da imaginação, não do coração e dos nervos; e essa solidariedade é sempre fisicamente incômoda. Deixe-nos explicar o que queremos dizer, dissemos nós. As mulheres da União são magníficas de se olhar. Damas com vestidos de noite são muito mais bonitas, mas não têm a qualidade escultural que essas operárias têm. E mesmo que tenham uma menor gama de expressões, as poucas que possuem mostram uma força e uma ênfase, cômica ou trágica, que falta ao rosto das damas. Mas, ao mesmo tempo, é muito melhor ser uma dama; damas desejam Mozart e Einstein, isto é, desejam coisas que são fins, não coisas que são meios. Portanto, ridicularizar as damas e, como fizeram algumas oradoras, arremedar a linguagem afetada e o desconhecimento daquilo que lhes agrada chamar de "realidade" não só é pura bobagem, a nosso ver, mas se afasta do objetivo geral do Congresso, pois, se realmente é melhor serem operárias, então que continuem assim e não corram o risco de se contaminar com a riqueza e o conforto. Apesar disso, continuamos, afora o preconceito e a troca de alfinetadas, sem dúvida as mulheres no Congresso possuem algo que falta às damas, algo que é desejável, estimulante, mas muito difícil de definir. Não queremos cair nos fáceis clichês sobre "o contato com a vida", "os fatos como são", "as lições da experiência", pois invariavelmente alheiam o portador, e ademais nenhum operário ou operária tem um trabalho mais árduo ou está em contato mais próximo com a realidade do que um pintor com seu pincel ou um escritor com sua caneta. Mas a qualidade que possuem, a julgar por uma expressão captada aqui e ali, numa risada ou num gesto visto de relance, é exatamente a qualidade que teria agradado a Shakespeare. Dá para imaginá-lo esgueirando-se dos brilhantes salões de gente culta para ir contar piadas na cozinha dos fundos de Mrs. Robson. Na verdade, dissemos, uma das impressões mais curiosas no Congresso de vocês foi que as "pobres", as "classes trabalhadoras" ou o nome que vocês quiserem, não são espezinhadas, invejosas, esgotadas; são cheias de humor e energia, e totalmente independentes. Assim, se fosse possível encontrá-las não como patroas ou clientes com um balcão entre nós, mas junto à tina de lavar ou na sala de visitas, à vontade e com simpatia, como semelhantes que têm os mesmos desejos e fins em vista, ocorreria uma grande libertação, e talvez nascessem a amizade e a solidariedade. Quantas palavras devem aparecer no vocabulário dessas mulheres e que já se apagaram no nosso! Quantas cenas devem estar adormecidas em seus olhos, e que nossos olhos nunca viram! Quantas imagens, provérbios e ditados ainda devem ser habituais para elas, e que nunca chegaram à palavra impressa, e muito provavelmente elas ainda conservam a capacidade, que perdemos, de criar novos. Apareceram muitas expressões perspicazes nos discursos durante o Congresso que nem o peso de uma reunião pública foi capaz de aplainar completamente. Mas, dissemos nós, e aqui talvez brincamos com um abridor de cartas ou atiçamos o fogo como maneira de expressar nosso descontentamento, para quê tudo isso? Nossa solidariedade é fictícia, não real. O padeiro faz a entrega e pagamos nossas contas com cheques, temos quem lave nossas roupas e não distinguimos entre fígado e bofe[30], e por isso estamos condenadas a ficar encerradas para sempre dentro dos limites das classes médias, usando fraques e meias de seda, tratados como Sir ou Madame, conforme o caso, enquanto na verdade somos todos simplesmente Johns e Susans. E eles continuam igualmente carentes. Pois temos para lhes dar tanto quanto eles têm a nos dar – espirituosidade e desprendimento, cultura e poesia, e todas aquelas dádivas que desfrutam por direito aqueles que nunca atenderam a sinetas nem vigiaram máquinas. Mas a barreira é intransponível. E talvez nada tenha nos exasperado mais no Congresso (vocês devem ter notado uma certa irritação vez por outra) do que a ideia de que essa força delas, esse calor latente que de vez em quando rompia a crosta e aflorava à superfície com uma chama ardente e destemida, está a ponto de deflagrar e nos amalgamar, e assim a vida será mais rica, os livros mais complexos, a sociedade somará seus recursos em vez de segregá-los – tudo isso vai acontecer inevitavelmente, em enorme medida, graças a vocês, a Miss Harris e a Miss Kidd – mas apenas quando já tivermos morrido.

---

30. Pulmões de animais de abate vendidos a preço baixo pelos açougueiros, geralmente para alimentação dos animais domésticos de estimação. (N.E.)

Foi assim que, naquela tarde, tentamos explicar na Sede da União a natureza da solidariedade fictícia, como é diferente da solidariedade real e como é falha, porque não consiste em se basear inconscientemente nas mesmas emoções importantes. Foi assim que tentamos descrever os sentimentos complexos e contraditórios que tomam conta dos convidados de classe média, quando são forçados a assistir em silêncio a um Congresso de trabalhadoras.

Talvez tenha sido neste momento que você abriu uma gaveta e tirou um maço de papéis. Você não desamarrou logo o barbante que os prendia. E disse que às vezes recebia uma carta que não conseguia se decidir a queimar; uma ou duas vezes alguma associada tinha escrito, por sugestão sua, algumas páginas sobre a própria vida. Podia ser que achássemos esses papéis interessantes; que, se os lêssemos, as mulheres deixariam de ser símbolos e se tornariam indivíduos. Mas eram muito fragmentários e com erros de gramática; tinham sido anotados às pressas nos intervalos do serviço doméstico. Na verdade você não se decidia a mostrá-los de uma vez, como se expô-los a outros olhos fosse uma quebra de confiança. Podia ser que, sendo rudimentares, apenas aumentassem a confusão, que a redação de pessoas que não sabem escrever – mas neste momento explodimos. Em primeiro lugar, toda inglesa sabe escrever; em segundo, mesmo que não saiba, basta pegar a própria vida como tema e escrever a verdade sobre ela e não ficção ou poesia para despertar nosso interesse tão vivamente que – que, em suma, não podemos esperar, mas temos de ler imediatamente esse maço.

Assim pressionada, pouco a pouco e com muitas protelações (houve a guerra, por exemplo, e Miss Kidd morreu, e vocês e Lilian Harris se aposentaram da União, e lhe deram um presente de reconhecimento numa caixinha de joias, e muitos milhares de trabalhadoras tentaram lhe dizer quanto você tinha transformado a vida delas – tentaram dizer o que sentirão por você até a hora da morte) depois de todas essas interrupções por fim você juntou os papéis e finalmente colocou-os em minhas mãos nessa manhã de maio. Ali estavam, datilografados e marcados com alguns instantâneos e fotos desbotadas entre as páginas. E enfim quando comecei a ler, apareceram as imagens das pessoas que eu tinha visto anos atrás em Newcastle com tanto espanto e curiosidade. Mas não estavam mais discursando numa tribuna para um grande encontro em Newcastle, vestindo suas melhores roupas. O dia quente de junho com suas bandeiras e cerimônias tinha desaparecido, e em vez disso víamos o passado das mulheres que lá haviam comparecido; nas casas de quatro cômodos dos mineiros, nos lares de pequenos lojistas e trabalhadores rurais, nos campos e fábricas de cinquenta ou sessenta anos atrás. Mrs. Burrow, por exemplo, tinha trabalhado nos pântanos de Lincolnshire aos oito anos de idade, com mais quarenta ou cinquenta crianças, e um velho acompanhava o grupo com um chicote comprido na mão, "que não esquecia de usar". Era uma reflexão estranha. A maioria das mulheres tinha começado a trabalhar aos sete ou oito anos, ganhando um pence aos sábados para lavar a entrada de alguma casa, ou dois pences por semana para levar marmitas para os homens na fundição de ferro. Tinham ido para as fábricas aos catorze anos. Tinham trabalhado das sete da manhã até as oito ou nove da noite, ganhando treze ou quinze xelins por semana. Desse dinheiro tinham economizado alguns pences para comprar gim para a mãe – geralmente estava muito cansada à noite e tinha dado à luz talvez uns treze filhos no mesmo número de anos; ou iam buscar ópio para aliviar as tremedeiras de alguma velha miserável nos pântanos. Old Betty Rollett se matou quando não aguentou mais. Tinham visto mulheres quase mortas de fome esperando nas filas para receber pelas caixas de fósforo enquanto sentiam o cheiro da carne assando para o jantar do patrão que vinha lá de dentro. A varíola tinha se espalhado em Bethnal Green e elas sabiam que as caixas continuavam a ser feitas na mesma sala infecta e vendidas ao público totalmente contaminadas. Tinham passado tanto frio trabalhando nos campos de inverno que não conseguiam correr quando o capataz liberava. Tinham vadeado as enchentes quando o Wash transbordava das margens. Bondosas damas de idade lhes tinham dado pacotes de comida que consistiam apenas em casca de pão e couro de toicinho rançoso. Tudo isso tinham feito, visto, conhecido quando outras crianças ainda brincavam de espirrar água nas poças da praia e aprendiam a ler contos de fada junto à lareira. Naturalmente tinham outro ar no rosto. Mas eram rostos decididos, lembrávamos, rostos com algo indômito neles. Por assombroso que possa parecer, a natureza humana é tão resistente que é capaz de sofrer tantas feridas, mesmo na mais tenra idade, e sobreviver a elas. Mantenham uma criança confinada em Bethnal Green e de alguma maneira ela sentirá o ar do campo ao ver a poeira amarela nas botas do irmão, e a única coisa que vai querer é ir até lá e ver a "clareira", como diz ela, com os próprios olhos. Era verdade que, no começo, as "abelhas eram muito assustadoras", mas mesmo assim ela foi até o campo, e a fumaça azul e as vacas preencheram suas expectativas. Ponham numa fábrica jovens de catorze anos, depois de passar a infância cuidando dos irmãos menores e lavando degraus, e com os olhos buscarão a janela e se sentirão felizes porque, como a oficina tem seis andares, dá para ver o sol se erguendo sobre os montes, "e isso era sempre um grande consolo e auxílio". Ainda mais estranho, se for preciso alguma prova adicional da força do instinto humano em fugir à servidão e se apegar a uma trilha no campo ou a um nascer do sol nas colinas, é o fato de que os mais altos ideais do dever florescem numa obscura fábrica de chapéus tão solidamente quanto num campo de batalha. Havia mulheres na fábrica de chapéus de feltro da Christies, por exemplo, que trabalhavam por "honra". Dedicavam a vida à causa de coser pontos retos nos debruns das abas de chapéus masculinos. O feltro é duro e grosso; é difícil fazer a agulha passar; não há glória ou recompensa a ganhar; mas é tão incorrigível o idealismo do espírito humano que havia "debruadoras" naqueles locais obscuros que jamais dariam um ponto torto na costura e arrancavam impiedosamente os pontos tortos das outras. E enquanto prosseguiam em seus pontos retos reverenciavam a rainha Vitória e davam graças a Deus, escrevendo ao pé do fogo, por ser casadas com bons operários conservadores.

Certamente essa história explicava em parte a força, a obstinação que se viam no rosto das oradoras em Newcastle. E então, continuando a leitura dessas páginas, chegava-se a outros sinais da extraordinária vitalidade do espírito humano. Aquela energia inata que resistia a todos os partos e a todas as lavagens tinha se estendido, por assim dizer, e apanhado velhos exemplares de revistas; tinha se afeiçoado a Dickens, tinha apoiado os poemas de Burns na tampa de uma travessa para ler enquanto cozinhavam. Liam às refeições; liam antes de ir para a fábrica. Liam Dickens, Scott, Henry George, Bulwer Lytton, Ella Wheeler Wilcox e Alice Meynell, e adorariam "pegar alguma boa história da Revolução Francesa, mas não, por favor, a de Carlyle", e B. Russell sobre a China[31], e os Cadernos de William Morris, Shelley, Florence Barclay e Samuel Butler – liam com a voracidade indiscriminada de um apetite famélico, que se entope de caramelos, carnes, tortas, vinagre e champagne, tudo ao mesmo tempo. Naturalmente a leitura levou à argumentação. A geração mais nova teve a ousadia de dizer que a rainha Vitória não era melhor do que uma faxineira honesta que criou os filhos com dignidade. Tiveram a temeri-

---

31. Referência, respectivamente, ao livro *Revolução Francesa: uma história* (1837), de Carlyle, com três volumes, e *O problema da China* (1922), de Bertrand Russell. (N.E.)

dade de duvidar se coser pontos retos nas abas dos chapéus masculinos seria o único fim e objetivo da vida de uma mulher. Começaram a debater e até criaram grupos de discussão rudimentares na fábrica. Com o tempo, mesmo as velhas debruadoras tiveram suas crenças abaladas e começaram a pensar que poderiam existir outros ideais no mundo além de pontos retos e da rainha Vitória. De fato, estranhas ideias fermentavam em seus cérebros. Uma moça, por exemplo, raciocinou, enquanto percorria as ruas de uma cidade industrial, que não tinha o direito de trazer um filho ao mundo se esse filho tivesse de ganhar a vida numa fábrica. Uma frase fortuita num livro incendiou sua imaginação, e começou a sonhar com futuras cidades onde existiriam banheiras, cozinhas, lavanderias, galerias de arte, museus e parques. As operárias estavam com o espírito zumbindo e a imaginação acesa. Mas como realizariam seus ideais? Como manifestariam suas necessidades? Já era bastante difícil para as mulheres de classe média que contavam com dinheiro e educação. Mas como fariam as mulheres assoberbadas de trabalho, com cozinhas densas de vapor, sem educação, estímulo ou tempo, para remodelar o mundo de acordo com as ideias das trabalhadoras? Foi então, imagino eu, em algum momento dos anos 1880, que a União das Mulheres veio ao mundo, timidamente, modestamente. Por um tempo ocupou alguns centímetros quadrados na *Co-operative News*, num espaço chamado O Canto das Mulheres. Foi ali que Mrs. Acland perguntou: "Por que não fazemos nossas reuniões das mães da cooperativa, onde poderemos trazer nossa costura e sentar juntas, uma de nós lendo em voz alta alguma obra da cooperativa, que depois podemos discutir?". E em 18 de abril de 1883 ela anunciou que a União das Mulheres agora contava com sete membros. Então foi a União que atraiu todos aqueles sonhos e desejos incansáveis. Foi a União que se tornou um centro de reuniões onde se aglutinou e se solidificou tudo o que estava solto e disperso. A União deve ter dado às mulheres mais velhas, com seus maridos e filhos, aquilo que a "clareira" tinha dado à menina em Bethnal Green, ou a vista do nascer do sol sobre as colinas tinha dado às moças na fábrica de chapéus. Deu-lhes, em primeiro lugar, o mais precioso bem que existe – uma sala onde podiam se sentar e pensar, longe das panelas fervendo e das crianças chorando; e então aquela sala deixou de ser apenas uma sala de estar e um local de reuniões, e se tornou uma oficina onde, somando suas cabeças, podiam remodelar suas casas, podiam remodelar suas vidas, podiam começar esta ou aquela reforma. E, conforme aumentava o número de filiadas, e vinte ou trinta mulheres passaram a se reunir todas as semanas, da mesma forma suas ideias aumentavam e seus interesses se ampliavam. Em vez de discutir apenas sobre suas torneiras e pias, suas longas jornadas e baixos salários, começaram a discutir a educação, os impostos e as condições de trabalho no país em geral. As mulheres que tinham se esgueirado timidamente na sala de estar de Mrs. Acland em 1883 para costurar "lendo em voz alta alguma obra da cooperativa", aprenderam a discorrer com autoridade e ousadia sobre todas as questões da vida cívica. Foi assim que Mrs. Robson, Mrs. Potter e Mrs.Wright, em 1913, em Newcastle, estavam pleiteando não só banheiros, salários e luz elétrica, mas também o Sufrágio Adulto, os Impostos Territoriais e a Reforma da Lei do Divórcio. Assim, um ou dois anos depois, reivindicariam a paz, o desarmamento e a difusão dos princípios cooperativistas, não só entre o operariado da Grã-Bretanha, mas entre todas as nações do mundo. E a força que estava por trás de seus discursos e as impelia para além da mera eloquência era densa, formada de muitas coisas – de homens com chicotes, de enfermarias onde se faziam caixas de fósforos, de fome e frio, de muitos partos difíceis, de muita escovação e lavagem, de ler Shelley, William Morris e Samuel

Butler na mesa da cozinha, de reuniões semanais na União das Mulheres, de Comitês e Congressos em Manchester e outras cidades. E estava por trás dos discursos de Mrs. Robson, Mrs. Potter e Mrs. Wright. Os papéis que vocês me enviaram certamente serviram para esclarecer um pouco o antigo espanto e curiosidade que tornara aquele Congresso tão memorável e tão repleto de perguntas que no momento não tinham resposta.

Mas talvez não seja muito provável que as páginas aqui impressas consigam exprimir tudo isso para aqueles que não podem complementar a palavra escrita com a lembrança dos rostos e o som das vozes. Não se pode negar que os capítulos aqui reunidos não formam um livro – que como literatura apresentam muitas limitações. Falta à redação, diria um crítico literário, amplitude e distanciamento, assim como às próprias mulheres faltava variedade e jogo de expressões. E objetaria: aqui não há reflexões, nenhuma concepção da vida como um todo, nenhuma tentativa de entrar na vida de outras pessoas. A poesia e a ficção parecem muito distantes do horizonte delas. De fato, lembramos aqueles escritores obscuros antes do nascimento de Shakespeare que nunca foram além dos limites de suas paróquias, que não liam nenhuma outra língua além da deles mesmos, que escreviam com dificuldade, usando poucas palavras e mesmo estas de maneira canhestra. E no entanto como a escrita é uma arte complexa, muito tingida de vida, essas páginas têm algumas qualidades até literárias que os cultos e letrados podem invejar. Ouçam, por exemplo, Mrs. Scott, a operária que fazia chapéus de feltro: "Estive no alto das colinas quando os depósitos de neve estavam com mais de um metro de altura, e dois metros em alguns lugares. Estive numa nevasca em Hafield e pensei que nunca conseguiria sair dali. Mas era a vida nas charnecas; eu parecia conhecer cada fio de capim e onde cresciam as flores e todos os pequenos riachos eram meus companheiros". Teria dito melhor se fosse doutora em Letras por Oxford? Ou veja-se a descrição de Mrs. Layton sobre uma fábrica de caixas de fósforo em Bethnal Green, e como ela olhou pela cerca e viu três damas "sentadas à sombra fazendo algum tipo de bordado". Tem algo da precisão e clareza de um Defoe. E quando Mrs. Burrows evoca aquele triste dia em que as crianças estavam para comer a refeição fria e tomar o chá frio sob a sebe, e a mulher feia chamou as crianças para a sala dizendo: "Traga essas crianças para minha casa e deixe que comam lá" – as palavras são simples, mas é difícil conceber algo mais expressivo. E há um fragmento de uma carta de Miss Kidd – a melancólica figura de roxo que datilografava como se trouxesse nos ombros todo o peso do mundo. Ela escreve: "Quando eu tinha dezessete anos, meu patrão da época, um cavalheiro de boa condição social e alta posição na cidade, mandou que eu fosse à sua casa certa noite, a pretexto de apanhar um pacote de livros, mas na verdade com um objetivo muito diferente. Quando cheguei à casa, toda a família estava fora e, antes de me deixar ir embora, ele me obrigou a me render a ele. Fui mãe aos dezoito anos". Se isso é ou deixa de ser literatura, não ouso dizer, mas o certo é que explica muito e revela muito. Então era este o fardo que pesava sobre aquela figura melancólica, sentada a datilografar as cartas de vocês, eram estas as lembranças que ela ruminava enquanto guardava a porta da União com sua inflexível e indômita lealdade.

Mas não farei outras citações. Essas páginas são apenas fragmentos. Essas vozes estão começando apenas agora a sair do silêncio e a falar sem grande nitidez. Essas vidas ainda estão semiocultas numa profunda obscuridade. Expressar mais ou menos o que está aqui expresso foi um trabalho árduo e penoso. O texto foi escrito em cozinhas, nos momentos livres, em meio a distrações e obstáculos – mas realmente não há nenhuma necessidade que eu, numa carta dirigida a vocês, enfatize as dificuldades da vida das trabalhadoras. Afinal, vocês e Lilian Harris não deram seus melhores anos – mas, silêncio! vocês não me deixarão terminar a frase e, portanto, transmitindo minha constante amizade e admiração, paro por aqui.

Ellen Terry

Publicado inicialmente na *New Statesman and Nation*, 8 de fevereiro de 1941.

Quando ela apareceu interpretando Lady Cicely em *A conversão do capitão Brassbound*[32], o palco ruiu como um castelo de cartas e todas as luzes se apagaram. Quando falou, foi como se alguém passasse o arco num violoncelo ricamente amadurecido; rangia, ardia, rugia. Então parou. Pôs os óculos. Fitou intensamente as costas de um sofá. Tinha esquecido a fala. Mas o que importava? Falando ou calada, era Lady Cicely – ou era Ellen Terry? Como fosse, ela enchia o palco e todos os outros atores se apagavam, como as luzes elétricas se apagam ao sol.

Mas a pausa quando ela esqueceu o que diria Lady Cicely a seguir foi significativa. Era um sinal não de que estivesse perdendo a memória e decaindo, como disseram alguns. Era um sinal de que o papel de Lady Cicely não se adequava a ela. Seu filho Gordon Craig insiste que ela só

---

32. Escrita em 1900 por George Bernard Shaw para Ellen Terry (1847-1928), famosa atriz shakespeariana britânica. (N.E.)

esquecia a fala quando havia algo destoante nas palavras, quando algum grão de poeira entrava na maravilhosa máquina de seu talento. Quando o papel era compatível, quando ela era Pórcia, Desdêmona, Ofélia de Shakespeare, cada palavra, cada vírgula ganhava vida. Até os cílios interpretavam. O corpo ganhava leveza. Seu filho, mero menino, podia erguê-la nos braços. "Não sou eu mesma", dizia ela. "Algo me toma... Fico suspensa no ar, leve e imaterial." Nós, que só podemos lembrá-la como Lady Cicely no pequeno palco do Court Theatre, só podemos lembrar algo que, comparado à sua Ofélia ou Pórcia, era como um cartão-postal comparado ao grande Velásquez[33] na galeria.

É destino dos atores legar apenas cartões-postais. Todas as noites, quando desce a cortina, o belo cenário pintado se apaga. O que resta é no máximo um ondulante espectro insubstancial – uma vida verbal nos lábios dos vivos. Ellen Terry sabia muito disso. Ela mesma tentou, sobrepujada pela grandeza de Irving como Hamlet e indignada com as caricaturas de seus detratores, descrever o que lembrava. Em vão. Largou a caneta em desespero. "Oh, Deus, quisera ser escritora!",

---

33. Os retratos do pintor da corte espanhola Diego Velásquez (1599-1660) costumavam ser em tamanho natural ou até maiores. (N.E.)

exclamou. "Certamente um *escritor* não iria enfileirar palavras sobre o Hamlet de Henry Irving sem dizer *nada, nada*."³⁴ Modesta como era e obcecada com sua falta de leitura, nunca percebeu que, entre outras coisas, também era uma escritora. Nunca lhe ocorreu que, ao escrever sua autobiografia ou rabiscar páginas e mais páginas a Bernard Shaw tarde da noite, morta de cansaço após um ensaio, estava "escrevendo". As palavras em sua bela caligrafia rápida transbordavam da caneta. Com sublinhados e exclamações ela tentava lhes dar o mesmo tom e ênfase da palavra falada. É verdade que não conseguia construir uma casa com palavras, um aposento após o outro e uma escada unindo o conjunto. Mas o que pegasse, tornava-se uma ferramenta em sua mão cálida e sensível. Se fosse um rolo de massa, saía uma torta perfeita. Se fosse uma faca de trinchar, da perna de carneiro saíam fatias perfeitas. Se fosse uma caneta, as frases vinham contínuas, às vezes se interrompendo, às vezes suspensas no ar, mas todas muito mais expressivas do que sai do teclado de um datilógrafo profissional.

Com sua caneta, assim, nos momentos livres ela pintou um autorretrato. Não é um retrato de

---

34. Henry Irving (1838-1905) foi o mais renomado ator shakespeariano de sua época. Ellen Terry trabalhou com ele de 1878 a 1902. (N.E.)

academia, envernizado, emoldurado, completo. É antes um maço de folhas soltas onde ela fez os rascunhos para um retrato – aqui um nariz, ali um braço, lá um pé, acolá um simples rabisco na margem. Os rascunhos feitos em diferentes estados de espírito, de diferentes ângulos, às vezes se contradizem. O nariz não combina com os olhos; o braço é desproporcional ao pé. É difícil juntar. E há também páginas em branco. Alguns traços muito importantes ficaram de fora. Havia um ser que ela não conhecia, um vazio que não podia preencher. Não tomou as palavras de Walt Whitman como lema? "Ora, mesmo eu, eu mesmo penso como sei pouco ou nada de minha vida real. Apenas alguns sinais – algumas vias indiretas e pistas frágeis e dispersas... Procuro... escrever aqui?"[35]

Mesmo assim, o primeiro esboço é bastante definido. É o esboço de sua infância. Ela nasceu para o palco. O palco foi seu berço, seu quarto de brinquedos. Enquanto outras meninas aprendiam a somar e cozinhar, ela era iniciada aos tapas e bofetões na prática da profissão. Suas orelhas ardiam, seus músculos se tornavam flexíveis. O dia inteiro penava no palco. Noite alta, quando

---

35. Citação do poema "When I Read the Book", de Walt Whitman (1819-92), usado como epígrafe na autobiografia de Ellen Terry. (N.E.)

as outras crianças estavam no calor da cama, ela seguia tropeçando nas ruas escuras, embrulhada no manto do pai. E a rua escura com janelas e cortinas não passava de fingimento para aquela pequena atriz profissional, e a vida dura e desregrada do teatro era seu lar, sua realidade. "Lá tudo é tão fingido", escreveu ela, "lá" designando o que chamava de "vida vivida em casas" – "fingido – frio – duro – falso. Não há fingimento aqui em nosso teatro – aqui tudo é real, caloroso e bondoso – aqui vivemos uma bela vida espiritual."

Este é o primeiro esboço. Mas vamos para a página seguinte. A criança nascida no palco se tornou esposa. Casou-se aos dezesseis anos com um famoso pintor de idade.[36] O teatro acabou; as luzes se apagaram e, em seu lugar, há um ateliê calmo num jardim. Em lugar do palco, há um mundo cheio de quadros e "artistas afáveis com vozes baixas e maneiras elegantes". Ela se senta quieta no canto, enquanto os mais velhos famosos conversam em voz baixa. Ela está contente em lavar os pincéis do marido, em posar para

---

36. Referência a George Frederic Watts (1817-1904); Ellen Terry era trinta anos mais nova do que ele quando se casaram, em 1864. A comédia *Freshwater*, de Woolf (ed. L.P. Ruotolo, 1976), é ambientada na Ilha de Wight, na casa de sua tia-avó Julia Margaret Cameron: tem como personagens Tennyson, Watts, Ellen Terry e seu jovem amante John Craig. (N.E.)

ele, em lhe tocar suas melodias simples no piano enquanto ele pinta. Ao anoitecer ela passeia pelas dunas com o grande poeta, Tennyson. "Eu estava no paraíso", escreve. "Nunca senti uma única fisgada de saudade do teatro." Ah, se pelo menos tivesse durado! Mas de alguma maneira – aqui surge uma página em branco – ela era um elemento incongruente naquele ateliê tranquilo. Era jovem demais, vigorosa demais, vital demais, talvez. Seja como for, o casamento foi um fracasso.

E assim, pulando uma ou duas páginas[37], passamos para o próximo quadro. Agora é mãe. Devota-se inteiramente a duas crianças adoráveis. Mora muito afastado, no campo, em plena vida doméstica. Levanta às seis. Limpa, cozinha, costura. Ensina as crianças. Arreia o cavalo. Vai buscar leite. E aqui também é plenamente feliz. Viver com os filhos num chalé, percorrer as veredas com a pequena carroça, ir à igreja aos domingos num vestido de algodão azul e branco – esta é a vida ideal! Não pede outra coisa, a não ser que dure para todo o sempre. Mas um dia a roda se solta da carroça puxada a cavalo. Caçadores de cor-de-rosa saltam por sobre o arbusto. Um deles desmonta e oferece auxílio.

---

37. Quando Terry fugiu com o arquiteto Edward Godwin e voltou ao palco por um breve período em 1867, antes de levar uma vida bucólica em Hertfordshire. (N.E.)

Olha a moça de saia azul e exclama: "Bom Deus! É Nelly!". Ela olha o caçador de rosa e exclama: "Charles Reade!".[38] E assim, num átimo, ela volta ao palco e a quarenta libras semanais. Pois – é a razão que ela dá – os meirinhos estão na casa. Ela precisa ganhar dinheiro.

A essa altura vem uma página realmente em branco. Há um vazio que só podemos transpor arriscando. Dois quadros se encaram: Ellen Terry de algodão azul entre as galinhas, Ellen Terry de manto e coroa como Lady Macbeth no palco do Lyceum. Os dois quadros são contraditórios, mas ambos são da mesma mulher. Ela detesta o palco; mas o adora. Venera os filhos; mas os abandona. Gostaria de viver para sempre entre porcos e patos ao ar livre; mas passa o resto da vida entre atores e atrizes à luz da ribalta. Sua tentativa de explicar a discrepância não é muito convincente. "Sempre fui mais mulher do que artista", diz ela. Irving colocava o teatro em primeiro lugar. "Ele não tinha nenhuma daquelas que eu chamo de minhas qualidades burguesas – o gosto de amar, o gosto pelo lar, o desgosto pela solidão." Ela tenta nos convencer de que era uma mulher bastante comum; fazia tortas melhores do que a maioria;

---

38. Charles Reade (1814-84): popular romancista vitoriano. (N.E.)

gostava de cuidar de casa; com bom olho para as cores, gosto por móveis antigos e franca paixão em lavar a cabeça das crianças. Se voltou para o palco, foi porque – bem, o que mais podia fazer se os meirinhos tinham tomado a casa?

Este é o pequeno esboço que ela nos oferece para preencher o vazio entre as duas Ellen Terrys – a mãe Ellen e a atriz Ellen. Mas aqui lembramos sua advertência: "Ora, mesmo eu, eu mesmo pouco ou nada sei de minha vida real". Havia algo em si que ela não entendia; algo que surgiu brotando das profundezas e arrebatou-a em suas garras. A voz que ela ouviu na trilha não era a voz de Charles Reade, nem era a voz dos meirinhos. Era a voz de seu talento; o chamado premente de algo que ela não podia definir, não podia abafar e devia obedecer. Assim deixou os filhos e seguiu a voz de volta ao palco, de volta ao Lyceum, de volta a uma longa vida de incessante labuta, angústia e glória.

Mas, depois de contemplar o retrato de Ellen Terry em tamanho natural, pintado por Sargent, como Lady Macbeth de manto e coroa, vamos para a próxima página. É feita de outro ângulo. Caneta na mão, ela está sentada à sua escrivaninha. Tem diante de si um volume de Shakespeare. Está aberto em *Cimbeline*, e ela faz anotações cuidadosas à margem. O papel de Imogen apresenta grandes problemas. E diz que está "quebrando a cabeça" sobre a interpretação. Será que Bernard Shaw pode lançar alguma luz sobre a questão? Há uma longa carta do jovem crítico brilhante da *Saturday Review*[39] ao lado de Shakespeare. Nunca se encontraram pessoalmente, mas durante anos trocaram correspondência, cartas ardentes, íntimas, polêmicas, algumas delas as melhores cartas escritas em nossa língua. Ele diz as coisas mais ofensivas. Compara o querido Henry a um ogro e Ellen a uma prisioneira acorrentada em sua jaula. Mas Ellen Terry é plenamente capaz de se defender contra Bernard Shaw. Zomba, ridiculariza, afaga, contradiz. Ela nutre uma curiosa simpatia pelas ideias avançadas que Henry Irving detestava. Mas que sugestões tem o brilhante crítico a fazer sobre Imogen? Evidentemente nenhuma que ela própria já não tenha pensado. Ela é uma estudiosa de Shakespeare tão crítica e atenta quanto ele. Estudou todos os versos, pesou o sentido de todas as palavras, interpretou todos os gestos. Cada um daqueles momentos áureos em que ela se desmaterializa, deixa de ser ela mesma,

---

39. Referência a George Bernard Shaw, que trabalhava para este jornal desde 1895. (N.E.)

é resultado de meses de estudos minuciosos e meticulosos. "A arte", cita ela, "precisa daquilo que podemos lhe dar, garanto".[40] De fato, essa mulher mutável, puro instinto, afinidade e sensação, é uma estudiosa tão dedicada e ciosa da dignidade de sua arte quanto o próprio Flaubert.

Mas a expressão naquele rosto sério muda uma vez mais. Ela trabalha como uma escrava – nada menos. Mas se apressa em dizer a Mr. Shaw que não trabalha só com o cérebro. Nada tem de inteligente. Na verdade, ela lhe diz que é feliz "*em não ser inteligente*". E de uma estocada sublinha a passagem com a caneta. "Vocês, os inteligentes", como se refere a ele e seus amigos, erram tanto, estragam tanto. Quanto à educação, nunca foi um único dia à escola. Ela acha, mas não tem certeza, que a fonte principal de sua arte é a imaginação. Visite manicômios, se quiser; tome notas, observe, estude sem cessar. Mas, em primeiro lugar, imagine. E assim ela se afasta dos livros e vai para as matas. Percorrendo trilhas agrestes, ela vive o papel até se transformar nele. Se uma palavra soa áspera ou dissonante, ela precisa repensá-la, reescrevê-la. Então, quando todas as falas são suas, quando todos os gestos saem espontâneos, ela sobe ao palco e é Imogen, Ofélia, Desdêmona.

---

40. Palavras da atriz Anne Oldfield (1683-1730), que Terry cita em sua autobiografia. (N.E.)

Mas, mesmo quando tem grandes momentos, é uma grande atriz? Ela duvida. "Eu preferia o amor e a vida", diz. E o rosto tampouco ajuda. Ela não consegue sustentar a emoção. Certamente não é uma grande atriz trágica. Vez por outra, talvez, interpretou algum papel cômico à perfeição. Mas, mesmo ao se analisar, como um artista analisa outro, o sol bate numa cadeira velha da cozinha. "Graças a Deus por ter me dado olhos!", exclama ela. Que mundo de alegria lhe trazem seus olhos! Fitando a cadeira velha, "de assento de junco, pernas fortes e encosto ondulado", o palco some, as luzes se apagam, a famosa atriz é esquecida.

Então, entre todas essas mulheres, qual é a verdadeira Ellen Terry? Como vamos juntar os vários esboços espalhados? É mãe, esposa, cozinheira, crítica, atriz ou, no fim das contas, deveria ter sido pintora? Cada papel parece o papel adequado, até que ela o abandona e interpreta outro. Algo de Ellen Terry parece pairar acima de todos os papéis, sem ser encenado. Shakespeare não se adequava a ela; nem Ibsen; nem Shaw. O palco não a segurava; nem o quarto das crianças. Mas afinal existe um dramaturgo maior do que Shakespeare, Ibsen ou Shaw. É a natureza. Seu palco é tão grande, a companhia de atores tão numerosa, que geralmente ela os dispensa depois de um ou dois lugares-comuns. Entram e saem sem alterar o conjunto. Mas de vez em quando a natureza cria um papel novo, um papel original. Os atores que interpretam esse papel sempre frustram nossas tentativas de nomeá-los. Não interpretam os papéis do repertório – esquecem as palavras, improvisam novas. Mas, quando eles aparecem, o palco cai como um baralho de cartas e as luzes se apagam. Foi este o destino de Ellen Terry – interpretar um novo papel. E assim, enquanto outros atores são lembrados por terem sido Hamlet, Fedra ou Cleópatra, Ellen Terry é lembrada por ter sido Ellen Terry.

Coleção L&PM POCKET

900. **As veias abertas da América Latina** – Eduardo Galeano
901. **Snoopy: Sempre alerta! (10)** – Charles Schulz
902. **Chico Bento: Plantando confusão** – Mauricio de Sousa
903. **Penadinho: Quem é morto sempre aparece** – Mauricio de Sousa
904. **A vida sexual da mulher feia** – Claudia Tajes
905. **100 segredos de liquidificador** – José Antonio Pinheiro Machado
906. **Sexo muito prazer 2** – Laura Meyer da Silva
907. **Os nascimentos** – Eduardo Galeano
908. **As caras e as máscaras** – Eduardo Galeano
909. **O século do vento** – Eduardo Galeano
910. **Poirot perde uma cliente** – Agatha Christie
911. **Cérebro** – Michael O'Shea
912. **O escaravelho de ouro e outras histórias** – Edgar Allan Poe
913. **Piadas para sempre (4)** – Visconde da Casa Verde
914. **100 receitas de massas light** – Helena Tonetto
915. (19). **Oscar Wilde** – Daniel Salvatore Schiffer
916. **Uma breve história do mundo** – H. G. Wells
917. **A Casa do Penhasco** – Agatha Christie
919. **John M. Keynes** – Bernard Gazier
920. (20). **Virginia Woolf** – Alexandra Lemasson
921. **Peter e Wendy** *seguido de* **Peter Pan em Kensington Gardens** – J. M. Barrie
922. **Aline: numas de colegial (5)** – Adão Iturrusgarai
923. **Uma dose mortal** – Agatha Christie
924. **Os trabalhos de Hércules** – Agatha Christie
926. **Kant** – Roger Scruton
927. **A inocência do Padre Brown** – G.K. Chesterton
928. **Casa Velha** – Machado de Assis
929. **Marcas de nascença** – Nancy Huston
930. **Aulete de bolso**
931. **Hora Zero** – Agatha Christie
932. **Morte na Mesopotâmia** – Agatha Christie
934. **Nem te conto, João** – Dalton Trevisan
935. **As aventuras de Huckleberry Finn** – Mark Twain
936. (21). **Marilyn Monroe** – Anne Plantagenet
937. **China moderna** – Rana Mitter
938. **Dinossauros** – David Norman
939. **Louca por homem** – Claudia Tajes
940. **Amores de alto risco** – Walter Riso
941. **Jogo de damas** – David Coimbra
942. **Filha é filha** – Agatha Christie
943. **M ou N?** – Agatha Christie
945. **Bidu: diversão em dobro!** – Mauricio de Sousa
946. **Fogo** – Anaïs Nin
947. **Rum: diário de um jornalista bêbado** – Hunter Thompson
948. **Persuasão** – Jane Austen
949. **Lágrimas na chuva** – Sergio Faraco
950. **Mulheres** – Bukowski
951. **Um pressentimento funesto** – Agatha Christie
952. **Cartas na mesa** – Agatha Christie
954. **O lobo do mar** – Jack London
955. **Os gatos** – Patricia Highsmith
956. (22). **Jesus** – Christiane Rancé
957. **História da medicina** – William Bynum
958. **O Morro dos Ventos Uivantes** – Emily Brontë
959. **A filosofia na era trágica dos gregos** – Nietzsche
960. **Os treze problemas** – Agatha Christie
961. **A massagista japonesa** – Moacyr Scliar
963. **Humor do miserê** – Nani
964. **Todo o mundo tem dúvida, inclusive você** – Édison de Oliveira
965. **A dama do Bar Nevada** – Sergio Faraco
969. **O psicopata americano** – Bret Easton Ellis
970. **Ensaios de amor** – Alain de Botton
971. **O grande Gatsby** – F. Scott Fitzgerald
972. **Por que não sou cristão** – Bertrand Russell
973. **A Casa Torta** – Agatha Christie
974. **Encontro com a morte** – Agatha Christie
975. (23). **Rimbaud** – Jean-Baptiste Baronian
976. **Cartas na rua** – Bukowski
977. **Memória** – Jonathan K. Foster
978. **A abadia de Northanger** – Jane Austen
979. **As pernas de Úrsula** – Claudia Tajes
980. **Retrato inacabado** – Agatha Christie
981. **Solanin (1)** – Inio Asano
982. **Solanin (2)** – Inio Asano
983. **Aventuras de menino** – Mitsuru Adachi
984. (16). **Fatos & mitos sobre sua alimentação** – Dr. Fernando Lucchese
985. **Teoria quântica** – John Polkinghorne
986. **O eterno marido** – Fiódor Dostoiévski
987. **Um safado em Dublin** – J. P. Donleavy
988. **Mirinha** – Dalton Trevisan
989. **Akhenaton e Nefertiti** – Carmen Seganfredo e A. S. Franchini
990. **On the Road – o manuscrito original** – Jack Kerouac
991. **Relatividade** – Russell Stannard
992. **Abaixo de zero** – Bret Easton Ellis
993. (24). **Andy Warhol** – Mériam Korichi
995. **Os últimos casos de Miss Marple** – Agatha Christie
996. **Nico Demo: Aí vem encrenca** – Mauricio de Sousa
998. **Rousseau** – Robert Wokler
999. **Noite sem fim** – Agatha Christie
1000. **Diários de Andy Warhol (1)** – Editado por Pat Hackett
1001. **Diários de Andy Warhol (2)** – Editado por Pat Hackett
1002. **Cartier-Bresson: o olhar do século** – Pierre Assouline
1003. **As melhores histórias da mitologia: vol. 1** – A.S. Franchini e Carmen Seganfredo

1004. **As melhores histórias da mitologia: vol. 2** – A.S. Franchini e Carmen Seganfredo
1005. **Assassinato no beco** – Agatha Christie
1006. **Convite para um homicídio** – Agatha Christie
1008. **História da vida** – Michael J. Benton
1009. **Jung** – Anthony Stevens
1010. **Arsène Lupin, ladrão de casaca** – Maurice Leblanc
1011. **Dublinenses** – James Joyce
1012. **120 tirinhas da Turma da Mônica** – Mauricio de Sousa
1013. **Antologia poética** – Fernando Pessoa
1014. **A aventura de um cliente ilustre** *seguido de* **O último adeus de Sherlock Holmes** – Sir Arthur Conan Doyle
1015. **Cenas de Nova York** – Jack Kerouac
1016. **A corista** – Anton Tchékhov
1017. **O diabo** – Leon Tolstói
1018. **Fábulas chinesas** – Sérgio Capparelli e Márcia Schmaltz
1019. **O gato do Brasil** – Sir Arthur Conan Doyle
1020. **Missa do Galo** – Machado de Assis
1021. **O mistério de Marie Rogêt** – Edgar Allan Poe
1022. **A mulher mais linda da cidade** – Bukowski
1023. **O retrato** – Nicolai Gogol
1024. **O conflito** – Agatha Christie
1025. **Os primeiros casos de Poirot** – Agatha Christie
1027(25). **Beethoven** – Bernard Fauconnier
1028. **Platão** – Julia Annas
1029. **Cleo e Daniel** – Roberto Freire
1030. **Til** – José de Alencar
1031. **Viagens na minha terra** – Almeida Garrett
1032. **Profissões para mulheres e outros artigos feministas** – Virginia Woolf
1033. **Mrs. Dalloway** – Virginia Woolf
1034. **O cão da morte** – Agatha Christie
1035. **Tragédia em três atos** – Agatha Christie
1037. **O fantasma da Ópera** – Gaston Leroux
1038. **Evolução** – Brian e Deborah Charlesworth
1039. **Medida por medida** – Shakespeare
1040. **Razão e sentimento** – Jane Austen
1041. **A obra-prima ignorada** *seguido de* **Um episódio durante o Terror** – Balzac
1042. **A fugitiva** – Anaïs Nin
1043. **As grandes histórias da mitologia greco-romana** – A. S. Franchini
1044. **O corno de si mesmo & outras historietas** – Marquês de Sade
1045. **Da felicidade** *seguido de* **Da vida retirada** – Sêneca
1046. **O horror em Red Hook e outras histórias** – H. P. Lovecraft
1047. **Noite em claro** – Martha Medeiros
1048. **Poemas clássicos chineses** – Li Bai, Du Fu e Wang Wei
1049. **A terceira moça** – Agatha Christie
1050. **Um destino ignorado** – Agatha Christie
1051(26). **Buda** – Sophie Royer
1052. **Guerra Fria** – Robert J. McMahon
1053. **Simons's Cat: as aventuras de um gato travesso e comilão – vol. 1** – Simon Tofield
1054. **Simons's Cat: as aventuras de um gato travesso e comilão – vol. 2** – Simon Tofield
1055. **Só as mulheres e as baratas sobreviverão** – Claudia Tajes
1057. **Pré-história** – Chris Gosden
1058. **Pintou sujeira!** – Mauricio de Sousa
1059. **Contos de Mamãe Gansa** – Charles Perrault
1060. **A interpretação dos sonhos: vol. 1** – Freud
1061. **A interpretação dos sonhos: vol. 2** – Freud
1062. **Frufru Rataplã Dolores** – Dalton Trevisan
1063. **As melhores histórias da mitologia egípcia** – Carmem Seganfredo e A.S. Franchini
1064. **Infância. Adolescência. Juventude** – Tolstói
1065. **As consolações da filosofia** – Alain de Botton
1066. **Diários de Jack Kerouac – 1947-1954**
1067. **Revolução Francesa – vol. 1** – Max Gallo
1068. **Revolução Francesa – vol. 2** – Max Gallo
1069. **O detetive Parker Pyne** – Agatha Christie
1070. **Memórias do esquecimento** – Flávio Tavares
1071. **Drogas** – Leslie Iversen
1072. **Manual de ecologia (vol.2)** – J. Lutzenberger
1073. **Como andar no labirinto** – Affonso Romano de Sant'Anna
1074. **A orquídea e o serial killer** – Juremir Machado da Silva
1075. **Amor nos tempos de fúria** – Lawrence Ferlinghetti
1076. **A aventura do pudim de Natal** – Agatha Christie
1078. **Amores que matam** – Patricia Faur
1079. **Histórias de pescador** – Mauricio de Sousa
1080. **Pedaços de um caderno manchado de vinho** – Bukowski
1081. **A ferro e fogo: tempo de solidão (vol.1)** – Josué Guimarães
1082. **A ferro e fogo: tempo de guerra (vol.2)** – Josué Guimarães
1084(17). **Desembarcando o Alzheimer** – Dr. Fernando Lucchese e Dra. Ana Hartmann
1085. **A maldição do espelho** – Agatha Christie
1086. **Uma breve história da filosofia** – Nigel Warburton
1088. **Heróis da História** – Will Durant
1089. **Concerto campestre** – L. A. de Assis Brasil
1090. **Morte nas nuvens** – Agatha Christie
1092. **Aventura em Bagdá** – Agatha Christie
1093. **O cavalo amarelo** – Agatha Christie
1094. **O método de interpretação dos sonhos** – Freud
1095. **Sonetos de amor e desamor** – Vários
1096. **120 tirinhas do Dilbert** – Scott Adams
1097. **200 fábulas de Esopo**
1098. **O curioso caso de Benjamin Button** – F. Scott Fitzgerald
1099. **Piadas para sempre: uma antologia para morrer de rir** – Visconde da Casa Verde
1100. **Hamlet (Mangá)** – Shakespeare

1101. **A arte da guerra (Mangá)** – Sun Tzu
1104. **As melhores histórias da Bíblia (vol.1)** – A. S. Franchini e Carmen Seganfredo
1105. **As melhores histórias da Bíblia (vol.2)** – A. S. Franchini e Carmen Seganfredo
1106. **Psicologia das massas e análise do eu** – Freud
1107. **Guerra Civil Espanhola** – Helen Graham
1108. **A autoestima do sul e outras histórias** – Julio Cortázar
1109. **O mistério dos sete relógios** – Agatha Christie
1110. **Peanuts: Ninguém gosta de mim... (amor)** – Charles Schulz
1111. **Cadê o bolo?** – Mauricio de Sousa
1112. **O filósofo ignorante** – Voltaire
1113. **Totem e tabu** – Freud
1114. **Filosofia pré-socrática** – Catherine Osborne
1115. **Desejo de status** – Alain de Botton
1118. **Passageiro para Frankfurt** – Agatha Christie
1120. **Kill All Enemies** – Melvin Burgess
1121. **A morte da sra. McGinty** – Agatha Christie
1122. **Revolução Russa** – S. A. Smith
1123. **Até você, Capitu?** – Dalton Trevisan
1124. **O grande Gatsby (Mangá)** – F. S. Fitzgerald
1125. **Assim falou Zaratustra (Mangá)** – Nietzsche
1126. **Peanuts: É para isso que servem os amigos (amizade)** – Charles Schulz
1127.(27). **Nietzsche** – Dorian Astor
1128. **Bidu: Hora do banho** – Mauricio de Sousa
1129. **O melhor do Macanudo Taurino** – Santiago
1130. **Radicci 30 anos** – Iotti
1131. **Show de sabores** – J.A. Pinheiro Machado
1132. **O prazer das palavras** – vol. 3 – Cláudio Moreno
1133. **Morte na praia** – Agatha Christie
1134. **O fardo** – Agatha Christie
1135. **Manifesto do Partido Comunista (Mangá)** – Marx & Engels
1136. **A metamorfose (Mangá)** – Franz Kafka
1137. **Por que você não se casou... ainda** – Tracy McMillan
1138. **Textos autobiográficos** – Bukowski
1139. **A importância de ser prudente** – Oscar Wilde
1140. **Sobre a vontade na natureza** – Arthur Schopenhauer
1141. **Dilbert (8)** – Scott Adams
1142. **Entre dois amores** – Agatha Christie
1143. **Cipreste triste** – Agatha Christie
1144. **Alguém viu uma assombração?** – Mauricio de Sousa
1145. **Mandela** – Elleke Boehmer
1146. **Retrato do artista quando jovem** – James Joyce
1147. **Zadig ou o destino** – Voltaire
1148. **O contrato social (Mangá)** – J.-J. Rousseau
1149. **Garfield fenomenal** – Jim Davis
1150. **A queda da América** – Allen Ginsberg
1151. **Música na noite & outros ensaios** – Aldous Huxley
1152. **Poesias inéditas & Poemas dramáticos** – Fernando Pessoa
1153. **Peanuts: Felicidade é...** – Charles M. Schulz
1154. **Mate-me por favor** – Legs McNeil e Gillian McCain
1155. **Assassinato no Expresso Oriente** – Agatha Christie
1156. **Um punhado de centeio** – Agatha Christie
1157. **A interpretação dos sonhos (Mangá)** – Freud
1158. **Peanuts: Você não entende o sentido da vida** – Charles M. Schulz
1159. **A dinastia Rothschild** – Herbert R. Lottman
1160. **A Mansão Hollow** – Agatha Christie
1161. **Nas montanhas da loucura** – H.P. Lovecraft
1162.(28). **Napoleão Bonaparte** – Pascale Fautrier
1163. **Um corpo na biblioteca** – Agatha Christie
1164. **Inovação** – Mark Dodgson e David Gann
1165. **O que toda mulher deve saber sobre os homens: a afetividade masculina** – Walter Riso
1166. **O amor está no ar** – Mauricio de Sousa
1167. **Testemunha de acusação & outras histórias** – Agatha Christie
1168. **Etiqueta de bolso** – Celia Ribeiro
1169. **Poesia reunida (volume 3)** – Affonso Romano de Sant'Anna
1170. **Emma** – Jane Austen
1171. **Que seja em segredo** – Ana Miranda
1172. **Garfield sem apetite** – Jim Davis
1173. **Garfield: Foi mal...** – Jim Davis
1174. **Os irmãos Karamázov (Mangá)** – Dostoiévski
1175. **O Pequeno Príncipe** – Antoine de Saint-Exupéry
1176. **Peanuts: Ninguém mais tem o espírito aventureiro** – Charles M. Schulz
1177. **Assim falou Zaratustra** – Nietzsche
1178. **Morte no Nilo** – Agatha Christie
1179. **Ê, soneca boa** – Mauricio de Sousa
1180. **Garfield a todo o vapor** – Jim Davis
1181. **Em busca do tempo perdido (Mangá)** – Proust
1182. **Cai o pano: o último caso de Poirot** – Agatha Christie
1183. **Livro para colorir e relaxar** – Livro 1
1184. **Para colorir sem parar**
1185. **Os elefantes não esquecem** – Agatha Christie
1186. **Teoria da relatividade** – Albert Einstein
1187. **Compêndio da psicanálise** – Freud
1188. **Visões de Gerard** – Jack Kerouac
1189. **Fim de verão** – Mohiro Kitoh
1190. **Procurando diversão** – Mauricio de Sousa
1191. **E não sobrou nenhum e outras peças** – Agatha Christie
1192. **Ansiedade** – Daniel Freeman & Jason Freeman
1193. **Garfield: pausa para o almoço** – Jim Davis
1194. **Contos do dia e da noite** – Guy de Maupassant
1195. **O melhor de Hagar 7** – Dik Browne
1196.(29). **Lou Andreas-Salomé** – Dorian Astor
1197.(30). **Pasolini** – René de Ceccatty
1198. **O caso do Hotel Bertram** – Agatha Christie
1199. **Crônicas de motel** – Sam Shepard

1200. **Pequena filosofia da paz interior** – Catherine Rambert
1201. **Os sertões** – Euclides da Cunha
1202. **Treze à mesa** – Agatha Christie
1203. **Bíblia** – John Riches
1204. **Anjos** – David Albert Jones
1205. **As tirinhas do Guri de Uruguaiana 1** – Jair Kobe
1206. **Entre aspas (vol.1)** – Fernando Eichenberg
1207. **Escrita** – Andrew Robinson
1208. **O spleen de Paris: pequenos poemas em prosa** – Charles Baudelaire
1209. **Satíricon** – Petrônio
1210. **O avarento** – Molière
1211. **Queimando na água, afogando-se na chama** – Bukowski
1212. **Miscelânea septuagenária: contos e poemas** – Bukowski
1213. **Que filosofar é aprender a morrer e outros ensaios** – Montaigne
1214. **Da amizade e outros ensaios** – Montaigne
1215. **O medo à espreita e outras histórias** – H.P. Lovecraft
1216. **A obra de arte na era de sua reprodutibilidade técnica** – Walter Benjamin
1217. **Sobre a liberdade** – John Stuart Mill
1218. **O segredo de Chimneys** – Agatha Christie
1219. **Morte na rua Hickory** – Agatha Christie
1220. **Ulisses (Mangá)** – James Joyce
1221. **Ateísmo** – Julian Baggini
1222. **Os melhores contos de Katherine Mansfield** – Katherine Mansfield
1223.(31). **Martin Luther King** – Alain Foix
1224. **Millôr Definitivo: uma antologia de *A Bíblia do Caos*** – Millôr Fernandes
1225. **O Clube das Terças-Feiras e outras histórias** – Agatha Christie
1226. **Por que sou tão sábio** – Nietzsche
1227. **Sobre a mentira** – Platão
1228. **Sobre a leitura *seguido do* Depoimento de Céleste Albaret** – Proust
1229. **O homem do terno marrom** – Agatha Christie
1230.(32). **Jimi Hendrix** – Franck Médioni
1231. **Amor e amizade e outras histórias** – Jane Austen
1232. **Lady Susan, Os Watson e Sanditon** – Jane Austen
1233. **Uma breve história da ciência** – William Bynum
1234. **Macunaíma: o herói sem nenhum caráter** – Mário de Andrade
1235. **A máquina do tempo** – H.G. Wells
1236. **O homem invisível** – H.G. Wells
1237. **Os 36 estratagemas: manual secreto da arte da guerra** – Anônimo
1238. **A mina de ouro e outras histórias** – Agatha Christie
1239. **Pic** – Jack Kerouac
1240. **O habitante da escuridão e outros contos** – H.P. Lovecraft
1241. **O chamado de Cthulhu e outros contos** – H.P. Lovecraft
1242. **O melhor de Meu reino por um cavalo!** – Edição de Ivan Pinheiro Machado
1243. **A guerra dos mundos** – H.G. Wells
1244. **O caso da criada perfeita e outras histórias** – Agatha Christie
1245. **Morte por afogamento e outras histórias** – Agatha Christie
1246. **Assassinato no Comitê Central** – Manuel Vázquez Montalbán
1247. **O papai é pop** – Marcos Piangers
1248. **O papai é pop 2** – Marcos Piangers
1249. **A mamãe é rock** – Ana Cardoso
1250. **Paris boêmia** – Dan Franck
1251. **Paris libertária** – Dan Franck
1252. **Paris ocupada** – Dan Franck
1253. **Uma anedota infame** – Dostoiévski
1254. **O último dia de um condenado** – Victor Hugo
1255. **Nem só de caviar vive o homem** – J.M. Simmel
1256. **Amanhã é outro dia** – J.M. Simmel
1257. **Mulherzinhas** – Louisa May Alcott
1258. **Reforma Protestante** – Peter Marshall
1259. **História econômica global** – Robert C. Allen
1260.(33). **Che Guevara** – Alain Foix
1261. **Câncer** – Nicholas James
1262. **Akhenaton** – Agatha Christie
1263. **Aforismos para a sabedoria de vida** – Arthur Schopenhauer
1264. **Uma história do mundo** – David Coimbra
1265. **Ame e não sofra** – Walter Riso
1266. **Desapegue-se!** – Walter Riso
1267. **Os Sousa: Uma família do barulho** – Mauricio de Sousa
1268. **Nico Demo: O rei da travessura** – Mauricio de Sousa
1269. **Testemunha de acusação e outras peças** – Agatha Christie
1270.(34). **Dostoiévski** – Virgil Tanase
1271. **O melhor de Hagar 8** – Dik Browne
1272. **O melhor de Hagar 9** – Dik Browne
1273. **O melhor de Hagar 10** – Dik e Chris Browne
1274. **Considerações sobre o governo representativo** – John Stuart Mill
1275. **O homem Moisés e a religião monoteísta** – Freud
1276. **Inibição, sintoma e medo** – Freud
1277. **Além do princípio de prazer** – Freud
1278. **O direito de dizer não!** – Walter Riso
1279. **A arte de ser flexível** – Walter Riso
1280. **Casados e descasados** – August Strindberg
1281. **Da Terra à Lua** – Júlio Verne
1282. **Minhas galerias e meus pintores** – Kahnweiler

1283. **A arte do romance** – Virginia Woolf
1284. **Teatro completo v. 1: As aves da noite** seguido de **O visitante** – Hilda Hilst
1285. **Teatro completo v. 2: O verdugo** seguido de **A morte do patriarca** – Hilda Hilst
1286. **Teatro completo v. 3: O rato no muro** seguido de **Auto da barca de Camiri** – Hilda Hilst
1287. **Teatro completo v. 4: A empresa** seguido de **O novo sistema** – Hilda Hilst
1289. **Fora de mim** – Martha Medeiros
1290. **Divã** – Martha Medeiros
1291. **Sobre a genealogia da moral: um escrito polêmico** – Nietzsche
1292. **A consciência de Zeno** – Italo Svevo
1293. **Células-tronco** – Jonathan Slack
1294. **O fim do ciúme e outros contos** – Proust
1295. **A jangada** – Júlio Verne
1296. **A ilha do dr. Moreau** – H.G. Wells
1297. **Ninho de fidalgos** – Ivan Turguêniev
1298. **Jane Eyre** – Charlotte Brontë
1299. **Sobre gatos** – Bukowski
1300. **Sobre o amor** – Bukowski
1301. **Escrever para não enlouquecer** – Bukowski
1302. **222 receitas** – J. A. Pinheiro Machado
1303. **Reinações de Narizinho** – Monteiro Lobato
1304. **O Saci** – Monteiro Lobato
1305. **Memórias da Emília** – Monteiro Lobato
1306. **O Picapau Amarelo** – Monteiro Lobato
1307. **A reforma da Natureza** – Monteiro Lobato
1308. **Fábulas** seguido de **Histórias diversas** – Monteiro Lobato
1309. **Aventuras de Hans Staden** – Monteiro Lobato
1310. **Peter Pan** – Monteiro Lobato
1311. **Dom Quixote das crianças** – Monteiro Lobato
1312. **O Minotauro** – Monteiro Lobato
1313. **Um quarto só seu** – Virginia Woolf
1314. **Sonetos** – Shakespeare
1315(35). **Thoreau** – Marie Berthoumieu e Laura El Makki
1316. **Teoria da arte** – Cynthia Freeland
1317. **A arte da prudência** – Baltasar Gracián
1318. **O louco** seguido de **Areia e espuma** – Khalil Gibran
1319. **O profeta** seguido de **O jardim do profeta** – Khalil Gibran
1320. **Jesus, o Filho do Homem** – Khalil Gibran
1321. **A luta** – Norman Mailer
1322. **Sobre o sofrimento do mundo e outros ensaios** – Schopenhauer
1323. **Epidemiologia** – Rodolfo Sacacci
1324. **Japão moderno** – Christopher Goto-Jones
1325. **A arte da meditação** – Matthieu Ricard
1326. **O adversário secreto** – Agatha Christie
1327. **Pollyanna** – Eleanor H. Porter
1328. **Espelhos** – Eduardo Galeano
1329. **A Vênus das peles** – Sacher-Masoch
1330. **O 18 de brumário de Luís Bonaparte** – Karl Marx
1331. **Um jogo para os vivos** – Patricia Highsmith
1332. **A tristeza pode esperar** – J.J. Camargo
1333. **Vinte poemas de amor e uma canção desesperada** – Pablo Neruda
1334. **Judaísmo** – Norman Solomon
1335. **Esquizofrenia** – Christopher Frith & Eve Johnstone
1336. **Seis personagens em busca de um autor** – Luigi Pirandello
1337. **A Fazenda dos Animais** – George Orwell
1338. **1984** – George Orwell
1339. **Ubu Rei** – Alfred Jarry
1340. **Sobre bêbados e bebidas** – Bukowski
1341. **Tempestade para os vivos e para os mortos** – Bukowski
1342. **Complicado** – Natsume Ono
1343. **Sobre o livre-arbítrio** – Schopenhauer
1344. **Uma breve história da literatura** – John Sutherland
1345. **Você fica tão sozinho às vezes que até faz sentido** – Bukowski
1346. **Um apartamento em Paris** – Guillaume Musso
1347. **Receitas fáceis e saborosas** – José Antonio Pinheiro Machado
1348. **Por que engordamos** – Gary Taubes
1349. **A fabulosa história do hospital** – Jean-Noël Fabiani
1350. **Voo noturno** seguido de **Terra dos homens** – Antoine de Saint-Exupéry
1351. **Doutor Sax** – Jack Kerouac
1352. **O livro do Tao e da virtude** – Lao-Tsé
1353. **Pista negra** – Antonio Manzini
1354. **A chave de vidro** – Dashiell Hammett
1355. **Martin Eden** – Jack London
1356. **Já te disse adeus, e agora, como te esqueço?** – Walter Riso
1357. **A viagem do descobrimento** – Eduardo Bueno
1358. **Náufragos, traficantes e degredados** – Eduardo Bueno
1359. **Retrato do Brasil** – Paulo Prado
1360. **Maravilhosamente imperfeito, escandalosamente feliz** – Walter Riso
1361. **É...** – Millôr Fernandes
1362. **Duas tábuas e uma paixão** – Millôr Fernandes
1363. **Selma e Sinatra** – Martha Medeiros
1364. **Tudo que eu queria te dizer** – Martha Medeiros
1365. **Várias histórias** – Machado de Assis
1366. **A sabedoria do Padre Brown** – G. K. Chesterton
1367. **Capitães do Brasil** – Eduardo Bueno
1368. **O falcão maltês** – Dashiell Hammett
1369. **A arte de estar com a razão** – Arthur Schopenhauer
1370. **A visão dos vencidos** – Miguel León-Portilla

lepmeditores
www.lpm.com.br
o site que conta tudo

IMPRESSÃO:

PALLOTTI
GRÁFICA

Santa Maria - RS | Fone: (55) 3220.4500
www.graficapallotti.com.br